改善对话

突破团队协作障碍

[英] 道格拉斯·斯奎勒尔 杰弗里·弗雷德里克 著

陈连生 译

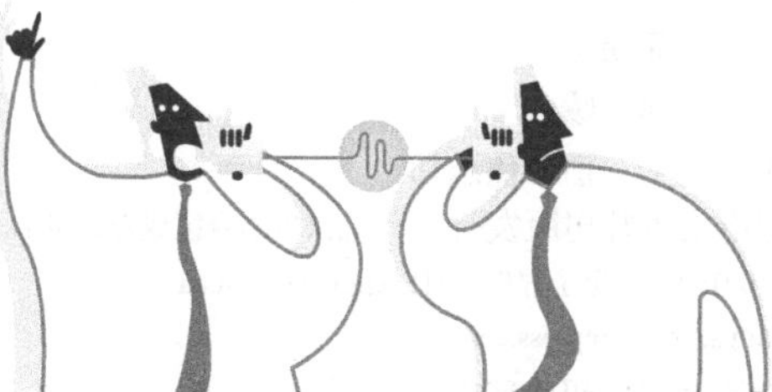

Agile Conversations

Transform Your Conversations,Transform Your Culture

人民邮电出版社

北京

图书在版编目（CIP）数据

改善对话：突破团队协作障碍 / (英) 道格拉斯·斯奎勒尔 (Douglas Squirrel)，(英) 杰弗里·弗雷德里克 (Jeffrey Fredrick) 著；陈连生译. -- 北京：人民邮电出版社，2022.8（2023.9 重印）
ISBN 978-7-115-59215-6

Ⅰ. ①改… Ⅱ. ①道… ②杰… ③陈… Ⅲ. ①团队管理 Ⅳ. ①C936

中国版本图书馆CIP数据核字(2022)第089957号

◆ 著　[英] 道格拉斯·斯奎勒尔（Douglas Squirrel）
杰弗里·弗雷德里克（Jeffrey Fredrick）
译　陈连生
责任编辑　郭　媛
责任印制　王　郁　焦志炜
◆ 人民邮电出版社出版发行　北京市丰台区成寿寺路 11 号
邮编　100164　电子邮件　315@ptpress.com.cn
网址　https://www.ptpress.com.cn
北京七彩京通数码快印有限公司印刷
◆ 开本：880×1230　1/32
印张：8　2022 年 8 月第 1 版
字数：174 千字　2023 年 9 月北京第 4 次印刷
著作权合同登记号　图字：01-2021-7388 号

定价：59.80 元

读者服务热线：(010)81055410　印装质量热线：(010)81055316
反盗版热线：(010)81055315
广告经营许可证：京东市监广登字 20170147 号

内容提要

在彼得·德鲁克先生提出了“知识型劳动者”时，就注定了大量的知识型工作只能依赖于团队协作才可完成。但不少团队在尝试提升团队协作度的时候，遇到了诸如成本过高、效果不佳等问题。有没有一种简单、实用、效果又好的方法呢？本书的作者给出了答案——对话。

作者结合多年的真实咨询案例，提出关于对话的“4R 法”，带领我们从最初的信任对话开始，走到人人为之负责的当责对话为止，真正做到“用对话突破团队协作障碍”，彻底提高团队检查问题、排除障碍、改善对话的能力。

书中的方法均为作者多年的经验总结，实践性强，落地效果显著，适合一切有志于突破团队协作障碍、构建高绩效团队（不仅仅是 IT 团队）的团队成员与管理者阅读。

作者简介

道格拉斯·斯奎勒尔（Douglas Squirrel）从事编程工作 40 余年，领导软件团队 20 余年。他利用对话的力量，在各种规模的技术组织中都创造了巨大的生产力。斯奎勒尔曾在金融技术、电子商务等类型的初创型公司中担任过首席技术官（CTO），为美国和欧洲的 60 余个组织提供过产品改进方面的咨询，为各种领导者提供过改善对话、对齐商业目标和创造有价值的碰撞方面的培训。他住在英国的弗洛霍尔特（Frogholt）的一座建于 1450 年的木质结构小屋中。

杰弗里·弗雷德里克（Jeffrey Fredrick）是国际公认的软件开发专家，拥有超过 25 年的工作经验，涵盖商业与技术两个方面。作为极限编程（XP）和敏捷实践的先行者，杰弗里在美国、欧洲、印度和日本的会议上都进行过发言。通过他在开创性的开源项目 CruiseControl 上的成果，以及作为持续集成和测试会议（CITCON）的共同组织者，他对软件的开发产生了全球性的影响。杰弗里在硅谷的工作经验包括担任产品管理副总裁、工程研发副总裁以及首席布道师等。他还担任过公司战略、产品管理、营销和互动设计等方面的独立顾问。杰弗里常驻伦敦，目前是 Acuris 旗下公司 TIM Group 的常务董事。他还主持伦敦组织学习聚会（London Organisational Learning Meetup），并在 CTO Craft 担任 CTO 导师。

对本书的赞誉

“对话”是一件功效强大却又被视而不见的敏捷工具。这本书作为对话这件工具的指导手册，极具实用性，且其中的内容可立马付诸行动。如果你想要在敏捷领域获得成功，那么你务必要阅读这本神奇的手册。

——阿尔贝托·索维亚（Alberto Savoia），谷歌第一任工程总监，《做对产品》作者

这本书就如何进行关键对话提供了必要的指导，这些关键对话构成了牢固而又灵活的工作关系的基础。这本书同时也提供了一个琳琅满目的工具箱。当对话出现问题时，工具箱中的工具可以帮助你走出困境。本书收录了实用的、真实的案例，如果你对工作中的人际交往感到痛苦不堪或者困惑不已，这本书你不能错过。

——伊丽莎白·亨德里克森（Elisabeth Hendrickson），技术执行官，《探索吧！深入理解探索式软件测试》作者

一直以来，描述如何在公司氛围中改进流程和产品的图书可谓汗牛充栋。然而我很高兴这本书终于解决了关于人的方面的问题。通过这本实用指南，你将学会如何询问直击心灵深处的问题、如何将你的偏见抛诸脑后，并且你的沟通能力也会得到极大的改善。如果感觉其中的方法

很难付诸实践，那就多试几次吧！

——帕特里克·德布瓦（Patrick Debois），DevOps 之父，DevOpsDays 创始者，《DevOps 实践指南》合著者

这本书为广大工程师提供方法以提高检查问题、排除障碍、改善对话的能力。诸如“问题分数”（Question Fraction）这种启发方法令人感到惊喜连连，简单易记且入木三分。阅读这本书，将对话技能变为你的“超能力”。

——戈伊科·阿季奇（Gojko Adžić），作家，Neuri Consulting 公司合伙人

对任何担任领导职务的人，或者对改善其整体工作氛围感兴趣的人来说，这本书都是不可或缺的。

——安迪·斯基珀（Andy Skipper），CTO Craft 首席教练

如果你正在寻找一个实用的框架及其相关技术，以帮助团队消除沟通障碍、改善文化失调的问题，那么你应该阅读这本书。这本书绝非简单的诊断，而是带你领略你需要深刻掌握的 5 种对话模式，以便将支离破碎的团队文化转变为健康且高绩效的团队文化。

——保罗·乔伊斯（Paul Joyce），Geckoboard 创始人、CEO

两位作者一针见血，将那些经过实战检验的技术一一展现于读者面前。对那些深陷在管理复杂度爆炸式增长的环境下，依然希冀可以泰然自若的现代工程领导者而言，这本书必将成为他们的必读之作。

——克里斯·克利菲尔德（Chris Clearfield），*Meltdown: What Plane Crashes, Oil Spills, and Dumb Business Decisions Can Teach Us About How to Succeed at Work and at Home* 合著者

这是一本非常睿智又极具可读性的书。作者一语道破天机：注重改善对话是将理论转化为组织实质性改进的坦途。

——里奇·科佩尔（Rich Koppel），TIM Group 联合创始人、CEO

这是行业中一个不可言说之事，即大多数的“技术问题”本质上是人的问题。在这本书中，两位作者断定：我们可以通过更好的对话方式来解决这些问题，书中的各项建议都以结构化和分类化的方式给出，即使是技术专家也会运用自如。

——乔恩·托佩尔（Jon Topper），The Scale Factory 创始人、CEO

改变企业的文化需要信念和技巧。这本书提供的这些方法都可以激发你的勇气，帮助你有效避开成功路上的危险。对任何想要建立协作性组织的 CEO 而言，这都是一部杰作。

——布伦特·德莱希（Brent Delehey），组织重建专家[①]，CEO

这本书是一本非常实用的指南，教你如何读懂别人真实的想法，并让他们可以在安全的氛围下坦露自身的恐惧。

——丽贝卡·威廉斯（Rebecca Williams），QA Chef 软件工程师

① 原文是 turnaround specialist，意为在组织遇到风险或者表现不如预期时而聘用的临时专家，帮助企业实现运营、战略和组织的转型工作。——译者注

译者序

《敏捷软件开发宣言》已经伴随我们走过了 21 个年头，在这 21 年里，我们见证了众多框架、工具、技术的诞生，也看到了这些新生事物在为我们实施敏捷、改善团队方面做出了巨大的贡献，也让我们的团队发生了翻天覆地的变化。

但无论怎么变化，“个体和互动 高于 流程和工具”依然是所有敏捷人心中最高的宗旨，也是我们在帮助团队走向成熟、帮助企业走向成功时，必须要坚守的核心守则。

然而要做好这一点并不容易。这其中缘由显而易见——“个体和互动”的范围太广了，广到它充斥在我们日常工作、生活的每个场景中。想要得心应手地应对这些场景，需要极高的技术和情商，否则你将随时面临各种不利境地。可以毫不夸张地说，只要你还属于这个社会，“个体和互动”就永远会有一席之地。此时，能否使用好“对话”这项充满魔力的工具，就成了能否真正理解并应用“个体和互动”的核心焦点。

对话不容易——对话不是把话说完就行了，它需要在准确理解对方意图的同时，在不造成双方压力的情况下，准确无误地将自己的观点附加上去并让对方理解，然后再开始新一轮的“理解—反馈—理解—反馈”。在这个过程中，但凡有一个环节没有做好，整个对话的过程就会悉数崩塌，更妄论通过对话最终实现协作的目的。

幸运的是，我们有这本书。书中，两位作者将自己过去几十年的经验总结成能用、实用、好用的 4R 法，让我们可以通过刻意的练习来提升我们的对话技术，从而以对话为切入点，改善团队关系，提升团队效率，甚至据此帮助组织取得竞争上的优势，在 VUCA 环境中持续“笑傲江湖”。同时，作者也希望我们保持好奇和脆弱，接受恐惧，建立信任，放弃对原因的控制，并做出有意义的承诺，所有这些都是企业健康的当责文化的必要前提。作者甚至将他们如何使用 4R 法来应对团队协作障碍并取得成功的经验毫无保留地贡献出来，让我们可以站在巨人肩膀上，把对话变成我们的“超能力”，从而在各个不同场景中勇往直前，进而无往不利。

在我第一次阅读这本书时，就被书中的各种技术、工具所吸引。其实早在着手翻译之前，我就已经将其应用到我的日常工作中，并取得了不错的效果。在将这本书中的技术应用到团队后，我能明显感觉到团队的沟通效率、氛围、交付能力等方面都有了一定的提升。团队给我的直接反馈是“沟通容易多了，误解变得少了，干活变得轻松了”。因此我有信心将这本书推荐给每一个人。

这本书可以翻译为中文，首先要感谢许峰老师，如果没有您向我推荐这本书，我不敢想象我将错失多么优秀的一本书；其次我要感谢第五空间学习中心的朱宏强老师，如果没有您当年的教导，让我有信心在教练这条路走下去，今天的我也许依然活得浑浑噩噩；当然也不能忘记王小刚老师，如果不是您的鼓励，慵懒的我也不会鼓起勇气翻译这本书；最后要感谢人民邮电出版社的郭媛编辑，感谢您对我的帮助和支持，指出了我在文字使用、语言表达上的种种错误，没有您，这本书阅读起来必会味如嚼蜡。

虽然我很想如作者所说的那样“继续说，不要停”，但毕竟作者的真知灼见才是这本书的主菜，我的这篇餐前甜点，该为主菜让路了。

陈连生

2022.7.21 于上海

前言

作者的话

作为组织中的领导者，你对转型提供了充分的支持，组织对此也表示接受。你聘请了咨询顾问，咨询顾问也对团队进行了培训，所有流程也都已就位。然而转型成果却迟迟不见踪影。原因何在？

作为一名团队成员——无论你是工程师、产品负责人、Scrum Master、系统管理员、技术负责人、测试人员，还是任何其他角色——你在培训、日常工作中使用了便利贴，也参加了相关会议，你对上述做法完全认同，并对改进的到来充满了期待。然而，你期待的改进却始终不见踪影。原因何在？

经过了多年的学习，以及若干次的行差踏错，我们开始明白成功的秘诀不仅仅是**采用各种实践**，还需要**进行那些高难度对话**，为各种实践的运作孕育出合适的环境。你与你的领导、你的团队之间的关系，正因错误的对话方式而变得岌岌可危。好消息是，你可以开始进行对话改善（conversational transformation），它可以为你奠定你想要进行的任何改进的基础，改善你的对话技术，增进你的人际关系并让你最终大获成功。

我们已经见识过对话的威力。我们已经为 100 多家不同行业、不同规模的组织提供过咨询服务。让我们感到非常惊奇的是，无论我们的沟通对象是谁——CEO 还是初级开发人员，跨国银行总经理还是电商领域运维工程师，产品负责人还是项目经理，设计师还是研发人员——我们总能听到似曾相识的说辞：“为什么他不把事情做得更好？”“她为什么不去改变？”“我做不到。我无能为力。”等等。

不同层级的员工都会因无法改变现状而倍感沮丧，我们合作过的绝大多数组织存在类似的情况。我们对此感同身受，因为我们也曾深陷于此。

因此，我们非常高兴能提供另一种选择：为满足好奇心而开诚布公地对话，并借此展现出巨大能量。

我们多次看到个人、团队和整个组织摆脱了困境，并在他们释放了对话中的“超能力”后看到了超过预期的改进速度：一家儿童图书出版商，它的创作者和销售人员都能够畅所欲言，利用创意、灵感促使销售成功；一家人工智能初创型公司，每个人都参与制订战略，从而极大地提升用户满意度；一家金融服务公司在对其失败的案例做了毫不留情的剖析之后，其系统稳定性得到了有效保证。

当你认识到对话不仅仅是说话，而是一种充满技术的活动时，伟大的成果就会随之而来。对话的内涵远超你能看到和听到的：对话不仅包含那些被大声说出来的事物，还包含隐藏在我们说出来和没说出来的话语背后的思想和情感。

当我们驾轻就熟地掌握了对话的技术之后，我们就能更加敏锐地意识到自己的想法和感受，以及我们这些想法和感受的本源。于是我们变得更加善于与人分享这些信息。我们也越来越意识到自己没有读心术，我们其实无法预判对话伙伴会与我们分享哪些信息，于是我们在提问和倾听方面也就做得更加优秀。这些技能都是非常基本的操作，所以也就非常容易被忽略。当我们在这些方面做到优秀时，我们的对话才会变得更加富有成效，我们的组织文化才会变得更加和谐。

现在，论述如何诊断文化问题的图书在市面上比比皆是，其核心理念就是“鼓励合作”。这些书中提供了大量详尽的故事、实践和详细的案例，也包含不少诊断测试工具和应用工具。然而鲜有图书就如何真正解决这些问题给出卓有成效的做法，比如怎样做出改变，以及在你陷入困境时的对策。

比如帕特里克·兰西奥尼（Patrick Lencioni）在他的《团队协作的五大障碍》一书中就 Decision Tech 公司的兴衰做了详细的描述。通过这本书，兰西奥尼开发出了一种功能障碍的层级理论：忽视结果源于逃避责任，逃避责任的罪魁祸首又是缺乏承诺，并最终深挖至对冲突的恐惧和信任的缺失[①]。兰西奥尼的功能障碍模型对我们非常有帮助，并且本书中的 4 种对话模式（你将在后续内容中学到这些对话模式）就参考于此。然而，兰西奥尼几乎没有给出任何可用的建议，让你在发现功能障碍时就可以将其消除。

他说，为了建立信任，你可以在下述的 5 件事情中择一而做：分享你的过去、讨论你的团队成员的最重要的优势与劣势、提供反馈、进行人格类型分析，或者做一些团队拓展活动[②]。虽然这些做法可能会使你的团队成员变得亲密无间，但兰西奥尼并没有提供任何讨论或者证据来证明这些行为的效果，甚至没有给出当上述方法失败后的任何其他的备选方案。

兰西奥尼并非唯一提出问题却不给出解决方案的人。商业宝典、数字化转型指南、敏捷手册等皆是如此。它们帮你指出组织中存在的问题，却从不给出解决方案。其结果就是，我们看到无数公司在其内部都实施了正确的实践，却无法取得应得的成果。究其原因均在于他

---

① Lencioni, *The Five Dysfunctions of a Team: A Leadership Fable*, “Exhibition”.

② Lencioni, *The Five Dysfunctions of a Team: A Leadership Fable*, “Understanding and Overcoming the Five Dysfunctions”.

们没有改变文化氛围，而正确的文化氛围恰恰是那些实践得以施展的必要因素。

通过对本书以及书中提及的对话方法的学习，你和你的团队不仅可以诊断出组织的文化问题，还可以解决那些问题。我们已经看到，在那些内容有些难以启齿的对话中，如果始终保持透明和好奇的心态，确实有助于在团队中建立持久的信任，减少彼此之间的防备，从而做出其他关键改进。解释为何这些方法有效以及如何做也是很容易的，这就是本书将为你呈现的内容。

如果你有兴趣，可以开发出一些技能，使你能够接受**开诚布公、单刀直入的沟通方式**，从而创造一个让团队蓬勃发展的环境。培养这些技能绝非易事。用我们的朋友马克·科尔曼（Mark Coleman）的话来说就是，这将需要你在每个阶段都做些“让人感到步履维艰，甚至于气急败坏的工作”[①]。你将不得不直面自己对痛苦话题的恐惧，并且你将不止一次地希望能够聘请一位顾问，或者美化你的燃尽图，又或者增加些许监控，而不是进行另一场颇具挑战性的讨论。但是我们向你保证，相比较于让每一位成员都掌握的“5 种对话”技能，没有哪件事情的优先级会比它更高。对这些成员而言，永无止尽地追求卓越是一种习惯和乐趣。

我们期待你加入我们的行列，让我们来共同学习那些促使你走向成功的对话技能，并且进一步开拓以及实践这些技能。

继续说，不要停

杰弗里（Jeffrey）、斯奎勒尔（Squirrel）

① Coleman, “A Re-Imaging of the Term”.

本书的组织方式

我们将本书正文分成了两个部分：第一部分描述一些思想和理论，它们将是我们在第二部分介绍的对话工具的基础。

第 1 章有点儿像软件开发的历史。如果你想要直截了当地看到本书将要介绍的技术，你可以跳过本章。但是如果你对敏捷、精益和 DevOps 的源头感到好奇，那么本章就是为你准备的。我们将深入探讨在过去约 20 年中软件行业的巨大变革，回顾我们一路走来所经历过的风风雨雨。

在 20 世纪 90 年代，大规模生产模式为“软件工厂”提供了知识模型。正如工厂中的工人被期望成可互相替换的、被束缚在装配流水线上的单元一样，软件专业人员也被期望成在文档驱动的软件开发模式下可互相替换的单元。实践证明这种模式会带来灾难性的后果，随后一系列以人为本的方法论，如雨后春笋一般带动了整个软件组织的转型，这其中包括敏捷、精益和 DevOps。

然而充满讽刺意味的是，虽然这些变革的实施随处可见，但人们常常忽略了以人为本的核心，而官僚主义对流程和实践的关注也导致组织深陷形式主义的事件之中[①]。为了取得真正的成效，组织需要利用对话中所呈现的人的力量，通过困难重重但卓有成效的对话来克服大家对这些方法的认知偏见。

第 2 章提供我们方法的核心技术：4R 法为我们提供从对话中学习的步骤，而“双栏对话分析法”（two-column conversational analysis）除了提供给我们一个贯穿全书的记录对话的格式，还提供给我们从对

① 原文是 cultureless rituals，作者想表达的是一种无视文化、单纯执行特定事件的行为。——译者注

话中学习的方法。我们建议在继续学习本书之前，至少阅读上述两个核心技术所在的部分，以及“分析对话”这一节的内容。

第 2 章开篇明义，你已经知道要前往的目的地。“信奉理论”[①]已经表明，最好的决策需要各方的合作、透明以及好奇心。继知名社会学家克里斯·阿吉里斯（Chris Argyris）之后，我们也将向你传达相同的观点。不幸的是，你的“使用理论”，也就是你在对话中的实际行为，却与信奉理论背道而驰。因此，我们将向你展示一种名为“4R 法”的方法，这种方法可以让任何个人和团队在处理对话中的高难度话题时提升技巧，还将帮助你从对话中学习，并为下一次对话做好准备。

在第二部分即第 3 章到第 7 章中，我们将提炼的经验、教训和错误总结成 5 种对话的“指导手册”。请注意，这 5 种对话是对所有高绩效团队共有的 5 种关键特质的至关重要的讨论，而非仅仅针对软件团队。

5 种对话的说明如下。

1. 信任对话（the trust conversation）：我们坚信，与我们一起工作的人，无论是在团队内部还是团队外部，都与我们拥有一样的目标和价值观。

2. 恐惧对话（the fear conversation）：我们开诚布公地讨论团队及其环境中的问题，并勇敢地克服这些障碍。

3. 动机对话（the why conversation）：我们共享同一个激励我们前进的、明确的目标。

4. 承诺对话（the commitment conversation）：我们定期且切实地宣布我们将要做什么，以及何时开始做。

---

① 该理论由克里斯·阿吉里斯提出，原文是 espoused theory。后文中说的“使用理论”也由他提出，原文为 theory in use。——译者注

5. 当责对话（the accountability conversation）：我们向所有干系人传达我们的意图，并公开解释如何印证我们的行事结果与承诺是否存在相悖之处[①]。

这 5 种对话所涉及的特质为团队提供了充分运用当下流行的、以人为本的实践所需的一切。有了它们，就可以达成精英级的交付速度，可以无所畏惧地进行动态调整，并致力于向真正的客户展示能解决他们的问题的可工作软件。没有这些特质的加持，进度在站会中会被隐藏而不是被分享，估算变为徒劳无益的实践，团队目标埋没在工单中，挫折感弥漫于团队。

从信任对话开始，再到分别解决恐惧、动机、承诺和当责的对话，我们将循序渐进地告诉你如何在团队中改进这些关键特质。无论你是一名初级开发者，还是一名高级管理人员，这些方法都可以为你所用。我们也会向你解释，这些改进将如何直接转化为敏捷、精益和 DevOps 实践的改进结果。我们将以每个主题中的实际对话为例来展示这些方法在现实中的运作。

第 3 章到第 7 章均以类似如下的结构展开论述。

1. **动机**（motivational）部分，解释本章将要论述的对话的重要性。

2. **故事**部分介绍故事主人公在此类对话中面临哪些问题。

3. 一至数个**准备知识**（preparation）部分向你传授本章对话中要使用的方法。

---

① 这 5 种对话中有 4 种受到了兰西奥尼的《团队协作的五大障碍》[②]的启发，第 5 种对话受到了西蒙·斯涅克（Simon Sinek）的 *Start with Why: How Great Leaders Inspire Everyone to Take Action*[③]一书的启发。我们在每种对话中都加入了我们自己的经验和方法，也对两位作者给我们的启发表达最诚挚的感激。

② Lencioni, *The Five Dysfunctions of a Team: A Leadership Fable.*

③ Sinek, *Start with Why: How Great Leaders Inspire Everyone to Take Action.*

4. **说明**部分描述一种推进本章对话的方式。

5. 在**故事（续）**部分，我们的主人公从对话中吸取教训，收到成效。

6. 几个**对话案例**演示本章对话的一些变体。

7. **案例学习**将会讲述一个篇幅较长的故事，说明本章对话如何帮助组织改进。

8. **结论时间**部分总结本章主要内容，并告诉读者不同的角色如何使用本章提及的对话。

阅读本书只是开始。在学习如何处理每一个关键对话之后，你就可以践行所学的内容了。我们坚信你的努力会得到巨大的回报。当你改善了你的对话，你将会改变你所处环境的文化。

阅读本书的多种方式

Perl 开发者几乎都知道一个非常吸引人的首字母缩写词 TIMTOWTDI，也就是“有多种方法可以做到这一点”（There is more than one way to do it）。这也是我们的信条。如同你将在本书中看到的，只要你以适当的方式应用这 5 种对话，我们是不会预先规定你应该使用哪种对话进行实践的。诸如“你的迭代应该多长”“你是否需要站会”“计划扑克应该使用哪种颜色”此类问题的答案固然重要，但我们认为“授人以鱼不如授人以渔”，知道如何获得这些答案更为重要。基于相同的原因，我们也尝试以此风格编写本书，以便于你可以根据自己的学习风格、需要或者心情，以不同的方式来使用它。

下面是一些我们建议的阅读本书的方式。但别忘了 TIMTOWTDI，你完全可以根据你的喜好来阅读本书。

1. **顺序阅读**。如果你习惯碰到一个概念就一窥究竟，这种阅读方式正符合你的要求：从第一页开始，到最后一页结束。我们尝试在使用任何新的概念或者技术之前，就对其进行定义和说明，并尽可能避免引用后面章节才出现的内容。因此如果你在第 3 章掌握了“基于确认的沟通”（test-driven development for people），那么当这个概念出现在后面的“动机对话”一章时，你将不会有任何阅读障碍。每一章的内容都会按照你喜欢的逻辑顺序展开：首先是本章谈及对话的原因，其次是使用该对话涉及的相关技术，接下来才是对话本身，最后是若干示例。你可以通过 4R 法完成每章结尾的对话案例和你自己的案例，从而巩固你的学习成果。如果可以的话，你可以邀请一至多位朋友参与到此循序渐进的学习过程中。

2. **选择性阅读**。“不要用故事来迷惑我，快点儿告诉我能用到的方法。”如果这是你的想法，则可以从每章的“准备知识”部分开始阅读，我们将解释那些你可以立即使用的技巧以改善你的对话，进而提升你的团队绩效。接着请阅读主要对话（main conversation）的解释，一直到对话案例部分。在主要对话的解释部分中，我们会将各类技巧汇聚为一个整体。而在对话案例中，我们对实际生活中的对话进行了说明，并且你可以从中摘抄出一些警句、习语以及可用的方法。如果你选择了这种阅读方式，我们建议你每周阅读不要超过一个方法，并且在当周的日常对话中刻意对该方法进行练习。在每天结束时，统计一下你能够应用每种方法的频率，然后选择一个对话并用 4R 法对其进行分析。这种方法看似缓慢，实则稳健。如果能坚持这种反思性的练习，你将快速拥有各项技能。

3. **社交型阅读**。如同我们在“总结”中所描述的，对这些技能感兴趣的其他人，将会成为你学习这些材料的莫大助力。认知偏差加剧了这些对话的困难程度，也让我们对自身的错误“当局者迷”，但其他人却“旁观者清”。如果你有幸拥有这样一个学习小组，我们建议小组成员一起，使用前文所述的选择性阅读方式进行学习。每周学习内容不要超过一章，记录并分享你应用该章所提及的方法的频率，然后在一次小组会议中讨论并分析你的某个对话。与他人进行角色扮演和角色转换的做法将有助于对自己的表现建立信心，向其他人提供反馈的做法将有助于在自己的对话中发现改进的契机。

无论你使用哪种方式来阅读本书，须知“纸上得来终觉浅，绝知此事要躬行”。

致谢

本书建立在许多对话的基础上，有些是快乐的，有些是痛苦的，但它们都是学习的源泉。以下的这些人，他们与我们的对话帮助我们成长和学习至今，我们对他们非常感激。

本杰明·米切尔（Benjamin Mitchell）向我们介绍了克里斯·阿吉里斯（Chris Argryis）的著作，并耐心地与我们一起学习对话分析等技术。瓦沙姆·塔杰（Waseem Taj）、安迪·帕克（Andy Parker）、杰米·米尔（Jamie Mill）和莉萨·米勒（Lisa Miller）与我们一起学习如何分析对话并摆脱对高难度互动的恐惧。TIM Group 的创始人里奇·科佩尔（Rich Koppel）和科林·伯绍德（Colin Berthoud）以及与我们一起工作的许多员工（尤其是与杰弗里一起工作的员工），尝试在透明度和好奇心的基础上发展一个学习型组织。史蒂夫·弗里曼（Steve Freeman）鼓励我们讲述 TIM Group 转型的故事（本书没有讲述这个故事，但分享了他们转型背后的对话）。

我们的 CTO 辅导小组（CTO mentoring circles）和伦敦组织学习聚会的参与者，是本书许多概念的“试验田”。

克里斯·阿吉里斯和唐纳德·舍恩（Donald Schön），他们的理论支撑了本书大部分的内容。还有其他提出想法的人，包括来自 Action Design 的菲利普·麦克阿瑟（Philip McArthur）、罗伯特·帕特南（Robert Putnam）和黛安娜·麦克莱恩·史密斯（Diana McLain Smith），以及罗杰·施瓦茨（Roger Schwarz），他们的“8 种行为”

理论为我们的早期对话提供了极大的帮助。

帕特里克·兰西奥尼（Patrick Lencioni），他的层次化功能障碍（model of hierarchical dysfunctions）模型为我们的对话提供了参考。埃米·埃德蒙森（Amy Edmondson），他将“心理安全”引入了我们的词汇中。西蒙·斯涅克（Simon Sinek），他解释了“动机”的价值。斯蒂芬·邦盖（Stephen Bungay），他展示了简报与回传简报的价值。布勒内·布朗（Brené Brown），在他的帮助下，我们的故事才可能被写出来。戴维·伯恩斯博士（Dr. David Burns），他帮助我们理解对话的分形属性，这让我们创造了自己的人际关系现实。

阿利斯泰尔·科伯恩（Alistair Cockburn）、肯特·贝克（Kent Beck）以及早期敏捷软件开发社区的其他人，早在我们两个人还受困于软件工厂时，他们就率先提出了“人际关系大过天”的激进观点。玛丽·波彭代克（Mary Poppendieck）、汤姆·波彭代克（Tom Poppendieck）、埃里克·里斯（Eric Ries）等人，帮助将精益思想引入了软件世界。帕特里克·德布瓦（Patrick Debois）、约翰·阿尔斯帕（John Allspaw）和保罗·哈蒙德（Paul Hammond），他们打通了开发与运维之间的“职能墙”，并确保 DevOps 关乎文化而不仅仅是工具。

Geckoboard［包括保罗·乔伊斯（Paul Joyce）和利奥·卡萨拉尼（Leo Cassarani）］、Unmade Ltd.和 Arachnys，他们中的每个人都友善地允许我们将他们与我们的工作细节加入本书。

安娜·希普曼（Anna Shipman），她富有洞察力的博文成了我们的研究案例。

Sofar Sounds，他们友善地允许我们引用一个关于他们的故事。

塞尔吉乌斯·布莱亚（Sergiusz Bleja），他允许我们将与他一起创建的案例研究加入本书。

比利时联邦养老金服务局的蒂埃里·德·波夫（Thierry de Pauw）和汤姆·扬斯（Tom Jans），他们友善地允许我们将他们的一个项目的细节作为案例研究。

伊丽莎白·亨德里克森（Elisabeth Hendrickson），她对本书感到非常兴奋，这使得她将我们介绍给 IT Revolution 公司，并且建议我们将本能反应（twitch）加入我们的分析内容。

马克·科尔曼（Mark Coleman），他在本书写作的关键阶段提供了非常有用的建议，并给我们提供了“高难度的情绪工作”的概念。

埃里克·米尼克（Eric Minick），他的洞察对我们取得成果提供了极大的帮助。

克里斯·马茨（Chris Matts）和西里洛·沃特尔（Cirilo Wortel），他们在本书成形的过程中向我们分享了故事和想法。

伊恩·欧日沃尔德（Ian Ozsvald）给了我们很多无与伦比的建议，并且在本书创作的初期与我们交往甚密。

戈伊科·阿季奇（Gojko Adžić），他向我们分享了许多关于他的出版物和咨询经验的信息，提出了许多建议，他在测试和产品管理方面的方法令人赏心悦目。

保罗·朱利叶斯（Paul Julius），他建议我们创办一场会议，这场会议直接导致杰弗里和斯奎勒尔相遇（当然，还有其他很多人）。这场会议最终被命名为持续集成和测试会议（CITCON）。我们多年来一直向这场会议的与会者承诺，我们会将本书完成并出版。

艾伦·韦斯（Alan Weiss）和杰拉尔德·温伯格（Gerald Weinberg），他们关于出版和推广的著作始终给我们以启发。

劳雷尔·鲁马（Laurel Ruma）和梅利莎·达菲尔德（Melissa Duffield），他们帮助我们将本书最初的想法结构化。

安娜·诺亚克（Anna Noak），她在我们整个提案和写作阶段的耐心反馈，对本书的完成至关重要。还有很多其他的来自 IT Revolution 出版社的人，他们以各种方式对本书做出了贡献。

我们的播客 *Troubleshooting Agile* 的听众，他们针对我们的很多想法提供了故事、建议和意见；米歇尔·崔（Michelle Choi）和劳拉·斯塔克（Laura Stack），他们一直在保障我们的播客持续运行。

感谢那些在过去 20 多年中，接受我们辅导，并让我们从其身上受益良多的团体和个人。

杰里·舒尔曼（Jerry Shurman）和乔·比勒（Joe Buhler），他们教会斯奎勒尔在智力活动中享受乐趣。

帕特·亚涅斯（Pat Yanez）、罗恩·弗雷德里克（Ron Fredrick）和玛丽莲·弗雷德里克（Marilyn Fredrick），他们为杰弗里提供了尝试解决难题的背景知识。

感谢罗伯特·舒斯勒（Robert Schuessler）敏锐的观察和迅捷的反馈。

最后，我们的家人，安德烈亚斯（Andreas）、安东（Anton）、埃利安娜（Eliana）、埃米琳（Emeline）、利安娜（Leanne）、莉萨（Lisa）和斯塔尔（Star），他们的耐心受到了考验，感谢他们从未停止对我们的信任，他们的支持是无价的。

服务与支持

本书由异步社区出品，社区（https://www.epubit.com）可为读者提供相关资源和后续服务。

提交错误信息

作者、译者和编辑尽最大努力来确保书中内容的准确性，但难免会存在疏漏。欢迎读者将发现的问题反馈给我们，帮助我们提升图书的质量。

当读者发现错误时，请登录异步社区，按书名搜索，进入本书页面（见下图），单击“提交勘误”，输入错误信息后，单击“提交”按钮即可。本书的作者、译者和编辑会对读者提交的错误信息进行审核，确认并接受后，读者将获赠异步社区的100积分。积分可用于在异步社区兑换优惠券、样书或奖品。

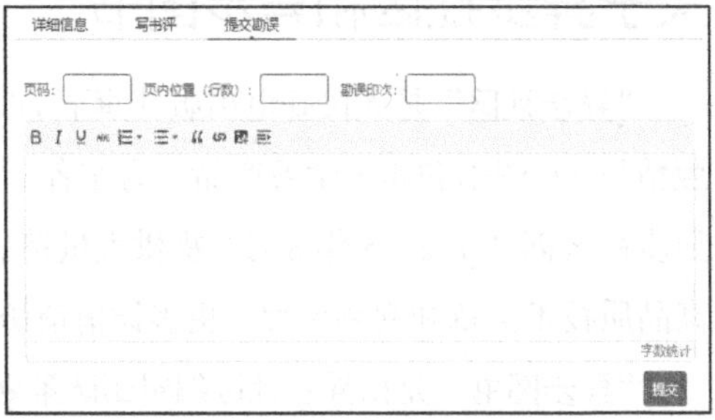

扫码关注本书

扫描右侧的二维码，读者将会在异步社区微信公众号中看到本书信息及相关的服务提示。

与我们联系

我们的联系邮箱是 contact@epubit.com.cn。

如果读者对本书有任何疑问或建议，请读者发电子邮件给我们，并请在电子邮件标题中注明书名，以便我们更高效地做出反馈。

如果读者有兴趣出版图书、录制教学视频，或者参与图书翻译、技术审校等工作，可以发电子邮件给我们；有意出版图书的作者也可以到异步社区在线投稿（直接访问 www.epubit.com/contribute 即可）。

如果读者所在的学校、培训机构或企业，想批量购买本书或异步社区出版的其他图书，也可以发电子邮件给我们。

如果读者在网上发现有针对异步社区出品图书的各种形式的盗版行为，包括对图书全部或部分内容的非授权传播，请读者将怀疑有侵权行为的链接通过电子邮件发给我们。读者的这一举动是对作者权益的保护，也是我们持续为读者提供有价值的内容的动力之源。

关于异步社区和异步图书

“异步社区”是人民邮电出版社旗下 IT 专业图书社区，致力于出版精品 IT 图书和相关学习产品，为作者、译者提供优质出版服务。异步社区创办于 2015 年 8 月，提供大量精品 IT 图书和电子书，以及高品质技术文章和视频课程。更多详情请访问异步社区官网。

“异步图书”是由异步社区编辑团队策划出版的精品 IT 专业图书的品牌，依托于人民邮电出版社近 40 年的计算机图书出版积累和专业编辑团队，相关图书在封面上印有异步图书的 Logo。异步图书的出版领域包括软件开发、大数据、人工智能、测试、前端、网络技术等。

异步社区　　　　微信服务号

目录

第一部分

第一部分

- 第 1 章　逃离软件工厂
- 第 2 章　改善你的对话

第 1 章　逃离软件工厂

根据 *The Digital Helix: Transforming Your Organization's DNA to Thrive in the Digital Age* 的作者迈克尔·盖尔（Michael Gale）所说，84%的数字化转型都是失败的[①]。为了理解为什么其他 16%的转型是成功的，他经过研究发现成功需要："彻底改变人们对交互、协作和工作的思考方式。如果你不花时间改变人们的行为，不花时间改变文化以及人们如何做决策，所有的一切都将徒劳无功[②]。"

对话，这一最具人性化的能力，是我们所寻求的此类改变的终极答案。人类具有独一无二、强大且灵活的语言能力。为了最大限度地利用这项能力，我们需要学习对话技能，克服我们固有的偏见。这些偏见让我们抗拒合作，抗拒人与人之间的连接。如果我们改善了对话，我们也将会改变文化。

了解我们所处环境的文化，有助于了解我们所需的改变。正如我们在本章中所描述的，我们仍然处于从软件工厂的大规模制造范式中

① Michael Gale, as quoted in Rogers, "Why 84% of Companies Fail".
② Michael Gale, as quoted in Rogers, "Innovation Leaders".

走出来的过程中。这种“文档至上模式”（document-only model）本质上是一种没有对话的沟通模式。伴随着这种软件工程模式的失败，以人为本的模式逐步兴起，例如敏捷、精益和 DevOps。但如果依然把重点放在流程和方法上，即使采用了这些新模式，也不过是在较小规模的开发任务上重复软件工厂的某些错误，也就是约翰·卡特勒（John Cutler）所说的“功能工厂”（feature factory）[①]。

1.1　软件工厂中的劳作

我们两人都于 20 世纪 90 年代在某家中等规模的软件公司开始了彼此的职业生涯[②]，在巨大的台式个人计算机上处理 C 语言代码，并且各自有数十甚至数百名同事跟我们做同样的工作。我们就像是一部庞大机器中的小小零件。这也没什么好奇怪的，因为在 20 世纪人们信奉的是泰勒主义哲学，我们所服务的那部机器也不能独善其身。

弗雷德里克·温斯洛·泰勒（Frederick Winslow Taylor）是一名机械工程师，他领导了一场反浪费、反效率低下的专业运动，并成为这一过程中最早的管理顾问之一。在泰勒看来，工人之间工作方法的巨大差异是浪费的核心。他认为，最好的方法就是让每个人都学会正确的方法，然后让工人们毫无偏差地遵循这种方法，除此之外的任何方法都效率低下。那么谁来决定哪条道路才是正确的呢？当然是泰勒这样的专业管理者和咨询师。

泰勒是“科学管理”直言不讳的支持者。他说管理者的职责就是设计和理解最佳的工作方式，然后坚持不懈地将其标准化。在他那本

① Cutler, “12 Signs You’re Working in a Feature Factory”.

② 杰弗里在宝蓝软件（Borland Software）公司，斯奎勒尔在 Tenfold 公司。这两家公司早已被“巨头”兼并。

极具影响力的书 *The Principles of Scientific Management* 中，泰勒为基于装配线的大规模制造提供了知识基础，低技能的工人在管理层的监督下，一次又一次做同样的简单任务[①]。

泰勒的观念创造了一种非常独特的机器化工作场所文化。工厂被视为一台庞大的机器。管理者是机械工程师，负责设计所有组件的工作方式，并检查它们是否正常工作。工人只不过是可随时替换的零件：他们在允许的误差范围内运作，否则他们就是有缺陷的，并将会被解雇。沟通是自上而下的，且仅限于命令与纠正。除了做被要求的工作之外，其他的东西都不是必要的，包括对话、合作、思考等。

1.1.1 隔间中的泰勒主义

在 20 世纪 90 年代，我们所从事的软件行业，将泰勒主义从工厂移植到了隔间。咨询师和销售人员向管理者承诺，只要使用了他们的新工具、新流程和新方法，工作就会轻松高效。“软件开发中遇到问题了？错误和延迟让你倍感沮丧？不要怕！我们已经将最佳实践写下来并随时准备为你服务！”管理者可以购买现成的软件系统，并告诉开发人员照做就行。随着工作流经每个定义好的检查点和流程卡点，管理者可以确保在预算范围内准时完成工作。或者，至少，咨询师和销售人员的承诺是这样的。

与机械化的装配线不同，软件行业相对更加轻量级。在这个行业中你将看到，管理者采用或者发明一种逻辑模型来描述单一正确的工作方式，并将其写入带有分步说明和流程图的文档中。这种文档驱动开发方法旨在通过对“最终程序组件运作方式”以及“每个软件工作

① Nelson, *A Mental Revolution: Scientific Management Since Taylor*, 5-11.

者将如何实现自身工作”进行设计，并以此来杜绝任何犯错的可能性。设计过程会产生营销需求文档、产品规格说明书、架构文档、实施规格说明书、测试计划等，所有与人有关的活动都被考虑在内。厚厚的手册详尽地规定了每个数据结构的属性、哪种语言结构可以被使用，甚至注释的格式都位列其中。缜密的软件设计出现在设计者的办公桌上，每个数据列都被详细地说明，每个验证规则都被清晰定义，每个页面都被定义到像素级别。

这里有个逻辑要注意。每个人都知道在软件交付给客户之后，修复缺陷的成本将会变得更高。实际上，越早发现缺陷，修复成本就越低。修复设计者的流程图缺陷比修复代码的成本更低，而更新需求规格文档又比改变流程图成本更低。这一无可辩驳的逻辑告诉我们，我们应该在前面花时间把一切都做好，然后机械地实施，以节省下游的时间和金钱。这一切听起来都天经地义且聪明睿智。

然而不幸的是，这种逻辑的实际效果远不如预期。

1.1.2 软件危机

1994 年，Standish 在其“恶名昭著”[①]的 *The CHAOS Report:1994* 中记录了一系列糟糕的运行情况，该报告涉及的软件项目的失败程度让人触目惊心。与桥梁、飞机、核电站的失败不同，作者说“在计算机行业，失败被掩盖、忽略或者合理化”。因此他们着手确定“项目失败的范围”“导致软件项目失败的主要因素”以及“能减少项目失败的关键因素”。该报告得出结论，在美国，有约 31%的软件项目会

① 原文为 infamous，但在翻遍了互联网相关消息后，并没有找到任何关于这篇报道的负面评价。结合上下文以及软件工程历史，这里应该是作者以调侃的方式表明 *The CHAOS Report:1994* 揭开了之前掩盖在软件行业的遮羞布。——译者注

被取消，这给美国软件公司带来约 810 亿美元的损失，而仅有 16%的项目在既定时间和预算范围内被完成[1]。该报告揭露了泰勒主义方法的失败，以及由此造成的软件危机。

随着危机逐渐无法掩盖，寻找解决方案的人络绎不绝。美国卡内基梅隆大学软件工程研究所的能力成熟度模型（capability maturity model，CMM）就是其中一派的观点。为了帮助美国国防部评估软件承包商，能力成熟度模型加倍强调了文档和流程的重要性。这种方法的拥护者在追求可预测性的过程中，增加了监督和检查力度，还增添了许多规范。他们断言："在统计方法控制下的软件开发过程将……在成本、进度和质量的预期范围内产生预期的结果[2]。"

其他来自软件行业的人，包括那些脚踏实地的软件从业者以及与他们一同工作的人，从其他地方找到了启发和灵感。作为软件的一线人员，他们身上的"伤痕"表明，理想化、机械化的方法，无论听起来多么合理，都无法解释软件项目成功或者失败的原因。他们不是从第一性原理[3]出发，而是观察在实践中起作用的东西。在试图理解他们的经历时，他们发现答案并不存在于文档之中。它既不是可以购置的工具，也不是对流程机械的应用，而是人。

阿利斯泰尔·科伯恩博士是一位敏锐且善言的软件实践观察者。他在论文"Characterizing People as Non-Linear, First-Order Components in Software Development"中观察到了这一点。标题让作者的观点一目了然。与能力成熟度模型形成鲜明对比的是，他说："我现在认为过程因素

① The Standish Group, *The CHAOS Report: 1994*, 3.
② Humphrey, *Characterizing the Software Process: A Maturity Framework*, 2.
③ 原文为 first principles，中文译为"第一性原理"，意为回归事物最基本的条件，将其拆分成各要素进行解构、分析，从而找到实现目标最优路径的方法。它是一个最基本的命题或假设，不能被省略或删除，也不能被违反。第一性原理相当于数学中的公理。最早由亚里士多德提出。——译者注

只是次要问题[①]。”他发现项目的成功或失败很大程度上取决于人，并建议我们将改进工作重点放在利用人的特质上[②]。原因详见下文。

1. 人是沟通交流的生物，在面对面的、直接的实时提问和回答方面做得最好。

2. 随着时间的推移，人们很难表现得始终如一。

3. 人充满变数，他们会随着时间和地点的不同而有所变化。

4. 人们通常希望成为好公民，即善于环顾四周、主动采取措施、做“任何需要做的事情”以保证项目顺利进行[③]。

这种对于人的观点，与泰勒主义将人看作机械的、可替换的组件截然不同。期望他们像泰勒主义那样工作是无视人性的，是注定要失败的。经验发现，人与人之间的相处方式，以及他们在项目中的沟通方式所涉及的企业文化至关重要。实践者们可以看到，我们应该围绕人而不是流程来设计方法、完成项目。如果我们想要提高成功的机会，我们需要进行正确的对话，构建正确的文化。

1.1.3 破局机器化生产思维

“人是软件方法中的核心”，这一思想引发了一场深远的变革。自世纪之交以来，这场变革重塑了软件开发过程。精益制造颠覆并改变了以前占主导地位的泰勒主义的大规模制造模式。精益制造通过改变工厂文化，在提高生产力和改善质量方面取得了长足的进步。精益制造依赖的不再是被视作可替换的组件的工人，而是一支“技术精湛、

① Cockburn, “Characterizing People as Non-Linear, First-Order Components in Software Development”.
② Cockburn, “Characterizing People as Non-Linear, First-Order Components in Software Development”.
③ Cockburn, “Characterizing People as Non-Linear, First-Order Components in Software Development”.

积极进取的员工队伍”，一支能够预见问题并设计出解决方案的队伍[1]。

敏捷软件开发、精益软件开发以及 DevOps 也同样颠覆和改变了软件工厂模式。每种方法都瞄准了软件工厂的不同要素，但其切入点都是“打破非人性化的大规模生产方式”。它们通过打破分工、引入合作来改变文化，以取代业已僵化的流程。

如同我们将要在后续章节中说的那样，上述这些运动的早期支持者都隐含了两个根本的价值观，即保持透明和拥抱好奇，这也使得他们提倡的方法发展出了成功的软件团队中 5 个关键特质中的部分或全部：高信任度、低恐惧感、清晰的动机、坚定的承诺以及可靠的责任感。而这些价值观所倡导的人际互动、信息流动、消除壁垒以及通力协作等特质，都是软件工厂所不具备的。

每一场成功的运动，最初取得的胜利都是让人惊叹的：早期采纳者报告说他们在产品上市时间、降低缺陷率、更高的团队士气上有了长足的进步。例如精益创业拥护者夸耀道“挑战不可能！每天发布 50 次[doing the impossible(releasing to production) fifty times a day]”[2]。不出所料，包括我俩在内的很多人也加入了这股潮流之中，不断尝试新的方法，看看我们是否也可以重现同样的效果。

但问题在于，在敏捷开发、精益软件开发以及 DevOps 的爆炸式发展过程中，很多后来者依然重蹈覆辙，忽略了人际互动的重要性。这也是我们编写本书的原因。管理者以为他们可以像以前一样，继续保留工厂思维模式，并且只需要向别人发号施令。结果，他们聚焦于表面的、肤浅的过程改造：站会、在制品限制（work-in-progress limit，WIP Limit）、工具选择等。

---

① Roos, Womack, and Jones, *The Machine That Changed the World: The Story of Lean Production*, 52.

② Fitz, “Continuous Deployment at IMVU”.

如果忽略人的因素、没有正确的对话，这些变革都是完全无效的。因此，在我们服务过的数百个组织中，我们已经看到有失望的高管以及沮丧的团队宣称敏捷开发（或者精益软件开发、DevOps）行不通。

总而言之，他们以僵化观点看待以人为本的转型，不理解或者否认人际关系的重要性，然后他们还想知道为什么没有人愿意进行合作、为什么事情没有完成。

相比之下，本书的主题回到了成功所需的基本人际互动。让我们从回顾每一场运动的历史开始，这将使我们做好准备，去了解那项需要掌握的、可以使人们重新参与到流程中的简单技术：对话。

1.2 敏捷：基于确认的沟通

在 20 世纪 90 年代末，对软件工厂的反对之声导致了各种替代方法的大量涌现。与之前“文档驱动、重量级软件开发流程”的主流模式相反[①]，各种新方法所倡导的实践在当时看来是“异端邪说”，比如实时设计（just-in-time design）、频繁交付可工作的软件，以及让真正的客户参与到软件开发中等。其中文化变革要求从根本上减少规划活动（planning activity），提倡成员之间的协作互动。相较于软件工厂的主流做法，这些新方法的领导者看起来充满戾气，一心只想制造混乱。然而，在勇于尝试这些新方法的团队中，确有一些取得了惊人成效的故事，比如士气提升、快速交付、超高质量等。

然后在 2001 年 2 月，17 名知名的“轻量级软件”运动支持者齐聚犹他州雪鸟滑雪场（Snowbird，Utah）。正如詹姆斯·海史密斯（James Highsmith）所记录的，他们是一个多元化的群体，其中包括极限编程（extreme programming，XP）、Scrum、动态系统开发方法（dynamic

① Highsmith, “History: The Agile Manifesto”.

systems development method，DSDM)、自适应软件开发（adaptive software development，ASD)、水晶方法、特征驱动的开发（feature driven development，FDD)、实用编程（pragmatic programming）等各个方法的创始人[①]。但问题是，他们能找到共同点吗？

事实证明，他们做到了。结果正如马丁·福勒（Martin Fowler）所说，这些方法的共同点是一个“战斗号角”（call to arms)，是一个“集结号”（rallying cry）[②]。它就是《敏捷软件开发宣言》[③]！在经历了近 20 年的风风雨雨后，它仍在全世界范围内被广泛使用着。

敏捷软件开发宣言[④]

我们一直在实践中探寻更好的软件开发方法，

身体力行的同时也帮助他人。由此我们建立了如下价值观：

个体和互动高于流程和工具

工作的软件高于详尽的文档

客户合作高于合同谈判

响应变化高于遵循计划

也就是说，尽管右项有其价值，

我们更重视左项的价值[⑤]。

这 17 人组成的小组在遵循宣言的前提下，提出了一套经常被忽视的 12 条配套原则。对追求敏捷性的组织而言，这套原则仍然是一个有用的切入点。

① Highsmith, “History: The Agile Manifesto”.
② Fowler, “Writing the Agile Manifesto”.
③ 原文是 Agile Manifesto，这里取官方正式名称《敏捷软件开发宣言》。——译者注
④ 这里的翻译取官网中文翻译，未做修改。——译者注
⑤ Beck, et al., “Manifesto for Agile Software Development”.

我们遵循以下原则[①]。

我们最重要的目标，是通过持续不断地及早交付有价值的软件使客户满意。

欣然面对需求变化，即使在开发后期也一样。为了客户的竞争优势，敏捷过程掌控变化。

经常地交付可工作的软件，相隔几星期或一两个月，倾向于采取较短的周期。

业务人员和开发人员必须相互合作，项目中的每一天都不例外。

激发个体的斗志，以他们为核心搭建项目。提供所需的环境和支援，辅以信任，从而达成目标。

不论团队内外，传递信息效果最好效率也最高的方式是面对面的交谈。

可工作的软件是进度的首要度量标准。

敏捷过程倡导可持续开发。责任人、开发人员和用户要能够共同维持其步调稳定延续。

坚持不懈地追求技术卓越和良好设计，敏捷能力由此增强。

以简洁为本，它是极力减少不必要工作量的艺术。

最好的架构、需求和设计出自自组织团队。

团队定期地反思如何能提高成效，并依此调整自身的举止表现[②]。

这些原则与前文所说的宣言一起，体现了新方法论“以人为本”

① 原则使用官网中文版，仅对格式进行了调整。——译者注
② Beck, et al., “Principles Behind the Agile Manifesto”.

的本质。通过列举其中一些原则，我们可以看到，这些通用实践（common practice）为敏捷团队保持透明和拥抱好奇提供了框架。下面给出几个通用实践的示例。

- **业务人员和开发人员必须相互合作，项目中的每一天都不例外**：通常体现为简短的每日会议。无论参与者的实际姿势为何，这项活动都被称为站会。这是一个让研发人员公开、透明地分享进度和所遇障碍的机会，并让其根据需要向团队中的其他人员寻求支持。
- **最好的架构、需求和设计出自自组织团队**：敏捷团队应该公开协作，讨论各种备选方法之间的利弊权衡，每个成员公开、透明地分享他们的专业判断，并对其他人的判断充满好奇心。这可以在诸如“计划游戏”的实践中得到证实。在计划游戏中，估算是公开的（透明度），每位参与者给出的估算值之间的差异恰恰用来激发对话（好奇心）以发现意见分歧的原因。
- **团队定期地反思如何能提高成效，并依此调整自身的举止表现**：敏捷的标志性实践之一就是回顾会，这是一个让团队成员讨论个人与团队经验的机会。回顾活动范围很广，例如在《敏捷回顾：团队从优秀到卓越之道》一书中所描述的那些活动。它们都依赖于团队成员公开、透明地分享其经验的能力和意愿，以及团队成员对其他人的经验的好奇心。

也许由敏捷开发导入的最显著的变化，不只是团队成员彼此之间的联系，还在于敏捷实践者如何拥抱客户。就如同前两条原则所说“**我们最重要的目标，是通过持续不断地及早交付有价值的软件使客户满意**”以及“**欣然面对需求变化，即使在开发后期也一样。为了客户的竞争优势，敏捷过程掌控变化**”。这两条原则将透明度和好奇心作为团队与客户之间敏捷开发的核心协议。通过频繁交付软件，敏捷团队为客户提供了一个透明的进度视图，团队对客户下一步看重什么充满好奇，这意味着即使打乱团队原先的计划也在所不惜。

敏捷开发从来都不是一件事情、一系列实践，当然也不是泰勒主义者认为的可以强加于人的“最佳实践”。它提供的是一套价值观和指导方针，借此我们可以构建一个弹性的组织以适应这个日新月异的世界①。此处核心在于，敏捷方法要求一种支持协作和学习的文化。这种文化为研发人员创造了互相对话的机会，这种机会在软件工厂中则完全不存在。敏捷的成功为激进思想打开了大门，其带来的影响范围，早已超出其孕育出的软件团队内部范畴。

那么为何我们现在还经常能看到一些以 20 世纪 90 年代的方式运作的“功能工厂”，同时他们又自称“敏捷”呢？因为在功能工厂中只能看见工件和过程发生了变化，而思维模式和对话（也就是文化）依然如故。这些团队虽然没有堆积如山的文件和两年期项目计划，但在对上游客户需要一无所知、对下游业务影响不甚了了的情况下，源源不断地规划出需要实现的功能。软件装配流水线已经被“血汗工厂”所取代，每个工人都被分配了计件的工作。虽然工件的形式有所不同——需求以故事或者验收标准的形式提出，而不是使用庞大、僵化的文档；过去放置甘特图的地方可能被替换成燃尽图——然而换汤不换药，开发脱节、合作障碍、无休止的工作交接等现象依然存在，进度迟缓依然令人苦恼不堪，软件依然频繁出错。

① 实际上阿利斯泰尔·科伯恩和他的一些同事已经开始指导公司采用一种名为“方法论无关”（methodology-agnostic approach）的方法。这种方法恰恰提供了那些被称为“敏捷之心”的简单指导原则。

1.3 精益软件：为团队赋能

1.3.1 偷师丰田

2003 年，就在雪鸟会议通过《敏捷软件开发宣言》催生敏捷软件开发的两年后，经验丰富的程序员和软件团队负责人，同时也是夫妻的玛丽·波彭代克和汤姆·波彭代克，在他们的书《敏捷软件开发工具：精益开发方法》（*Lean Software Development: An Agile Toolkit*）中将精益制造的理念带入敏捷圈。

玛丽·波彭代克与汤姆·波彭代克深入研究了丰田生产系统（Toyota production system，TPS）的准时制（just-in-time）、减少浪费（waste-reducing）的制造方法且得到了深刻的见解，并将之移植到软件开发中。

波彭代克夫妇将精益软件的精髓提炼为一套颇具挑战性的原则[①]：

1. 消除浪费；
2. 增强学习；
3. 推迟决策；
4. 尽早交付；
5. 赋能团队；
6. 内置完整性（质量内建）；
7. 整体优化。

波彭代克夫妇强调无处不在的优化、通过频繁交付快速学习，以及系统调优与系统思维。这些主题都与软件工厂不兼容，而且许多都

① Poppendieck and Poppendieck, *Lean Software Development: An Agile Toolkit*, xxv.

建立在敏捷原则之上。当波彭代克夫妇于 2003 年写下他们的第一本书时，那些敏捷原则已经在逐步改变当时的状况。

不久，精益思想和实践开始广为传播。精益软件团队的特征如下。

- 和制造业同行一样，使用**价值流图**定位流程中的低效节点（又被称为 muda，日文中的“浪费”）。
- 从最初功能开发到最后客户交付与实施，在全生命周期内寻**找并消除流程中的瓶颈**。
- **限制在制品**。以质量保证（quality assurance，QA）团队为例，他们只接受对 10 个新功能的测试，而不是创建一个他们无法处理的、巨大的工作待办事项列表。
- 流程步骤之间强调**拉动**而非**推动**。以程序员为例，如果没有人可以评审其工作，他就会暂停编程工作，而不是创建更多未评审的、无法发布的代码“库存”。

越来越多的公司拥抱敏捷软件原则，越来越多的精益制造理念显示了它们的效用，包括用于管理瓶颈的约束理论（theory of constraints，ToC）和看板方法。看板方法甚至直接取消了轻量级的“冲刺”（sprint）的时间盒（timeboxing，一种固定时长的工作时间），支持直接通过拉动工作的方法来调节工作流。精益软件开发一直致力于“放眼全局”，它已经扩展到了各种规模的组织中，其中包括初创型企业［如埃里克·莱斯（Eric Ries）的《精益创业：新创企业的成长思维》所述］以及跨国公司［如耶兹·亨布尔（Jez Humble）等人合著的《精益企业：高效能组织如何规模化创新》所述］。

1.3.2 授权是关键

乍一看，波彭代克夫妇的原则或者精益实践中，几乎没有明确表示出“人本观点”，即我们需要担心的、引发麻烦的往往是人，难以处置的还是人，人与人之间的沟通很困难。这一点与《敏捷软件开发宣言》有所不同。回看这些原则，我们发现除了第二条（增强学习）和第五条（赋能团队）外，其他的都是关于流程和效率的。我们很容易得出结论，即我们所需要的只是对价值流图的技术分析以及大刀阔斧地消除浪费。很多精益方法的使用者都为此付出了代价。

但是如同波彭代克夫妇在《敏捷软件开发工具：精益开发方法》中所说的："尊重人性基础，莫过于提供一个环境，让有能力的工人积极参与管理和改进他们所处的工作领域，并能充分利用他们的能力[①]。"波彭代克夫妇这番话，现在听起来更像科伯恩所说的"非线性、最重要的组件"（non-linear, first-order component），也就是人！如果我们继续深入研究，会发现更多与透明度和好奇心这一以人为本的基本价值观的关联：

- 为了消除浪费、内建完整性，并与整个系统配合工作，我们需要使我们在造成低效方面所犯的错误以及整个系统如何工作/不工作保持透明；
- 为了增强学习与快速交付，我们必须对实现目标所需的方案感到好奇，甚至可以同时尝试多种方案（快速学习的经典精益策略）；
- 为了授权团队，我们需要向他们公开表达我们正在努力实现的目标以及他们可以做出贡献的地方，我们还需要激发他们对客户和业务的方方面面的好奇心。

实际上，我们所看到的成功的精益软件团队，在很大程度上依赖于积极、坦诚、持续的沟通，其中包括直接的客户反馈、信息发射源（如构建状态指示器以及大型的、可视化的业务相关图表），甚至丰田风格的安灯系统（Andon light system）（团队成员使用的个人红/绿/黄色指示器，用以广而告知他们的工作遇到了障碍或阻碍）。这些工具和实

① Poppendieck and Poppendieck, *Lean Software Development: An Agile Toolkit*, 101.

践以透明度和好奇心为基础，持续改善对话氛围，使其更加富有成效。

与敏捷开发的问题一样，太多的组织在采纳了这些实践的同时，却忽视了这些实践背后的内在精神，最终“画虎不成反类犬”。我们看到一些组织虽然将精益六西格玛绿带证书挂在墙上，但缺乏协作和持续改进的文化的痼疾依旧存在。根据我们的经验，这完全是由高管所导致的——他们认为转型是可以购买的商品，然后又想知道为何价值流图会被抛弃、拉动系统会被闲置。

1.4 DevOps：运维也是人

1.4.1 系统管理员站起来了！

到了 2009 年，拓展人性化软件运动边界的时机已经成熟，来自比利时的帕特里克·德布瓦正是“急先锋”。当时帕特里克是一位事业受挫的顾问和项目经理。在接二连三的项目中，他看到了开发人员和系统管理员之间的责任鸿沟严重阻碍进度，对此他非常恼火。尽管很多团队正在消除软件工厂的负面影响，但是在与部署和运行其代码的运维人员进行互动时，缺乏沟通、低信任度和流于表面的对话的老派做法依然大行其道。这些做法带来的效果与其在开发团队中带来的效果如出一辙，即进度缓慢、阻碍了每个人交付正确的可工作软件。很明显，敏捷开发需要向下游扩展，“运维团队需要敏捷起来，而且必须与项目结合在一起”[①]。

帕特里克开始尝试找寻其余对他所谓“敏捷系统管理”（agile system administration）感兴趣的人。起初参与的人很少，甚至在一次会议中，只有两个人出现在该新话题的会场上[②]。不过肯定也有其他人

① Debois, “Agile Operations”.
② Mezak, “The Origins of DevOps”.

有同样的想法，特别是约翰·阿尔斯帕和保罗·哈蒙德，他们分别是 Flickr[①]的运维和工程负责人。他们在名为“每天发布超过 10 次：Flickr 的开发与运维合作”（10+ Deploys per Day: Dev and Ops Cooperation at Flickr）的演讲中，热情地呼吁开发者和运维人员之间的合作与信任。由于该演讲击中了当时研发过程的痛点，因此在敏捷圈快速传播开来[②]。帕特里克观看了他们演讲的直播，兴奋之情溢于言表，此后不久就在比利时的根特市（Ghent）举行了第一次 DevOpsDays 会议。在强有力的价值观和技术工具的武装下，DevOps 运动诞生了。

1.4.2 尊重、信任与不指责

这里没有 DevOps 独裁者，这里也没有 DevOps 自己的雪鸟滑雪场，因此 DevOps 的原则清单并不像敏捷那样班班可考。但是 Flickr 演讲是我们所知道的对 DevOps 目标最清晰的陈述之一，它可以作为一个试金石，用以衡量那些号称专注于 DevOps 的团队“是否言行如一”。该演讲的后半部分的原则如下（作者已对其稍加编辑，以便读者可更方便地将其编入列表）所示。

DevOps 原则

1. 尊重

a）不要刻板印象

b）尊重他人的专业知识、意见和责任

c）不要只是说“不”

d）不要隐瞒任何事情

---

① 雅虎（Yahoo）公司的照片分享网站。——译者注

② Allspaw and Hammond, “10+ Deploys per Day: Dev and Ops Cooperation at Flickr”.

2. 信任

a）相信每个人都在为企业尽最大努力

b）共享运行手册和升级计划

c）提供自助配置工具

3. 正视失败

a）失败总是会发生

b）培养自己应对失败的能力

c）举行失败应急演练

4. 避免指责

a）不指责

b）开发人员：记住，无法运行的代码将让人夜不能寐

c）运维人员：对感到痛苦的地方提供建设性的反馈[①]

注意到了吗？阿尔斯帕和哈蒙德对信任、尊重以及合作的关键要素的阐述是如此的明确。这显然是一场针对人的运动，而不是针对机器的运动。

当然，关键性的 DevOps 技术和团队实践还是存在的。这些技术和实践如下所示。

- **跨职能团队**。开发人员和运维人员在一个团队中协同工作，而不是彼此孤立，将完成的代码从一方交给另一方。
- **减少人为干预**。对注重 DevOps 的团队而言，服务器不再是具有独立身份和自定义配置的特殊设备，而是无差别的、完全一致的、可替换的机器，它们可以在任意时间被替换。

---

① Allspaw and Hammond, “10+ Deploys per Day: Dev and Ops Cooperation at Flickr”.

- **基础设施即代码**（infrastructure as code，IaC）。系统管理员不再需要手动配置服务器，而是通过编写程序（用 Puppet、Chef 或者 Kubernetes 等工具提供的专用语言）来设置和测试机器。
- **自动化部署**。一旦服务器上线运行，系统管理员和开发人员一同编写更多的代码，从而实现一键部署。部署可以由持续集成工具触发，从而进一步加强研发人员与其工作的连接。
- **共享度量指标**。使用 DevOps 思维模式的团队将让工程师和系统管理员共同关注系统正常运行时间（system uptime）、错误率（error rate）、用户登录（user login）以及更多有关运行健康的指标，并共同解决所有被暴露出的问题。

1.4.3 没有 BOFH

20 世纪 80 年代，西蒙 · 特拉瓦利亚（Simon Travaglia）为在线出版物 *The Register*①创作了一部讲述系统管理员的漫画。漫画主角（The Bastard Operator from Hell，简称 BOFH②，同时这也是该漫画的名字）鄙视开发人员和用户，并以无限制地增加他们的痛苦为乐。特拉瓦利亚当然是为了喜剧效果而夸大其词，但他谈及了传统组织中，开发人员和系统管理员之间存在的深深的猜疑和不信任，以及团队之间存在着的不可逾越的鸿沟。

因此，上述 DevOps 原则和实践对合作的要求如此明确也就不足为奇了：共享你的运行手册，展示你的度量指标，讨论你的失败（透

① Travaglia, “The Revised, King James Prehistory of BOFH”.
② BOFH 为西蒙 · 特拉瓦利亚创造的角色，出现在同名漫画中。漫画描述的是一位系统管理员 BOFH 利用他的专业知识对抗他的敌人（用计算机问题为难他的人）并操纵他的老板的故事。——译者注

明度），尊重另一方，避免指手画脚，找出你的行为产生的影响（好奇心）。DevOps 摆脱了生产流水线思维，让开发人员和系统管理员彼此敞开心扉，共同关注彼此关心的问题而不是相互抨击对方。以人为本的价值观和特征支撑着 DevOps 运动，至少在它最初的构想中是如此。

但令人困惑的是，最近在一些企业中出现了一种趋势——指定一个独立于开发和运维的特殊团队，即 DevOps 团队。DevOps 的全部意义在于加强不同专家之间的团队协作，而不是产生更多的孤岛。我们甚至看到"DevOps 工程师"的招聘广告，他们显然是不同于普通工程师和系统管理员的特殊工种。这是怎么回事？我们相信这是管理中的文字游戏的结果。我们观察到，有些组织不是培养"个体和互动"，而是希望回避重新思考如何运转，并寄希望于通过改造软件工厂来实现其目的。最令人惊讶的是，许多企业已经实现了这个疑窦丛生的目标。

1.5 逃离功能工厂

敏捷开发、精益开发和 DevOps 在改变软件领域方面的成功是不可否认的。那些看似极端的思想现在看来再正常不过。在一天内完成一项功能，或者在一周内开发完一个史诗故事[①]，这种事情无论出现在何种规模的公司里都不再令人惊讶。这正如 IBM 的项目总监埃里克·米尼克（Eric Minick）的描述：

> 回顾历史，对我来说最令人注目的是，交付工作实际上变得更好。只需要看看发布周期你就能发现这一点。团队曾

① 这里说的是史诗故事 Epic，是一种巨大的用户故事。——译者注

经满足于每年一次的发布周期。随着敏捷技术在企业中的应用，他们为每个季度可以发布一次而感到自豪。而如果你现在每个季度发布一次，那么你已经落后于当前平均水平。每月发布一次对现在的企业而言比较正常。几乎每个大企业都有一些云原生团队每天都会发布，甚至每天发布好几次。这些节奏比 15～20 年前的情况好了一两个数量级。这一点真的很不错。

虽然我们的计划和项目范围发生了很大的变化，但有时候我们会有一种似曾相识的感觉。大型组织往往会被一些敏捷、精益或者 DevOps 流程所困。这些流程与之前的方法以一种奇怪的实践组合（又被称为“瀑布型 Scrum”）在一起，并令人感到不安[①]。我们遇到过的很多小型组织或者初创型企业中，精益、敏捷和 DevOps 实践比比皆是，但是设计师、开发人员和运维人员却把自己描述为在“功能工厂”中工作，所有的微观管理和破坏自主性的做法与泰勒主义做法别无二致。这就好比将不同名字的小部件重新组装起来形成巨大的软件工厂。这种做法的确能带来一些好处，但这并不是“充满热情、紧密协作的团队合作、出色的客户关系以及有意识的设计思维”，这激励理查德·谢里登（Richard Sheridan）写了一本书 *Joy, Inc.: How We Built a Workplace People Love*[②]。这当中发生了什么？

这个问题答案的一部分源于尼尔斯·普弗莱金（Niels Pflaeging），他在自己的文章“Why We Cannot Learn a Damn Thing from Toyota, or Semco”中回答了这个问题。普弗莱金想知道为何如此多众所周知的、在开创性组织中都能良好运作的实践案例所产生的变化却如此微小。

---

① West, “Water-Scrum-Fall Is the Reality”.
② Sheridan, *Joy,Inc.: How We Built a Workplace People Love*, 19.

他的见解是，阻碍变革的原因是“缺乏充满魔力的要素[①]，即我们对人性的认知、我们对周围的人的看法，以及什么在驱动他们[②]”。

组织已经接受了敏捷转型所创建的流程和工具，但是泰勒主义的工厂思维模式仍然“阴魂不散”。虽然要写的文档变少了、要读的需求说明也变少了，甚至连强制性的签字也几乎没有了，但上述减少的工作只会被无休止的计划会议和项目管理工具中的工单所替代。这些实践仍然提供了泰勒主义的承诺，即给予管理层所需的洞察力和控制力，因为管理者的角色仍然被定义为确保完成正确的事情。

做这些工作的人呢？还记得软件开发中那些非线性、最重要的组件吗？它们依然是最重要且非线性的。辛西娅·库尔茨（Cynthia Kurtz）和戴维·斯诺登（David Snowden）的 Cynefin 框架（见 1.6 节）为我们的讨论提供了一些可用的语言[③]。功能工厂意图将人放入框架中右下角位置，即“简单”象限：“如果我们让所有人都参加计划会议、站会和回顾会，他们就会自然而然地产生合作。”这种将人类物化的合作方法并不适用于人类，人类的本性刚好位于左上角的“复杂”象限。对比仅仅把一群人攒在一起就称之为一个团队，有意识地培养一个极具活力的高效组织需要更多的工作和技巧。

如果我们理解组织中的个人和团队本身就是复杂系统，那么我们应该怎么做？根据 Cynefin 框架，在复杂的情况下没有绝对正确的答案，适用于复杂象限的做法是“探究-感知-回应”[④]。然而，我们如何在人的身上使用“探究-感知-回应”呢？这就要用到我们所谓的对话，它也是带领我们走出软件工厂的必经之路。

---

① 可以在 7.4 节中看到关于这些充满神奇魔力的要素。

② Pflaeging, “Why We Cannot Learn a Damn Thing from Toyota, or Semco”.

③ Kurtz and Snowden, “The New Dynamics of Strategy: Sense-Making in a Complex and Complicated World”, 462-483.

④ Kurtz and Snowden, “The New Dynamics of Strategy: Sense-Making in a Complex and Complicated World”, 469.

1.6 补充知识：Cynefin 框架

Cynefin 框架是一个“意义构建框架”，它的目的是产生共同的理解并改善决策（见图 1-1）。

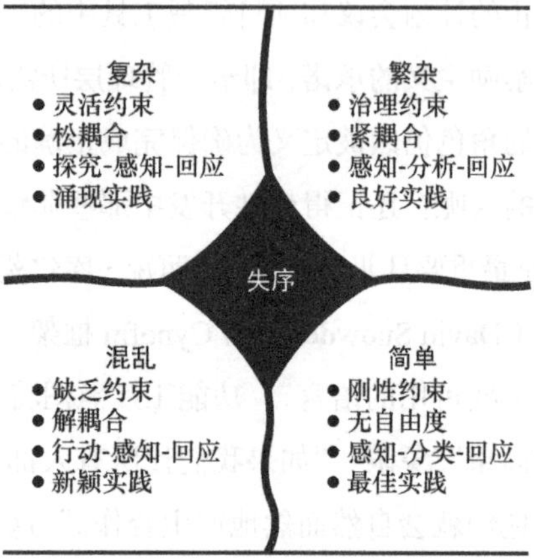

图 1-1 Cynefin 框架

虽然对于 Cynefin 框架社区有丰富的活动和应用，但该框架给我们上的第一节课是，适当的行为取决于你所在的领域。

- 当所处领域是“简单”（obvious）时（因果已经被充分理解），流程图这类的工具就很有用，因为可能性有限，当前的状态可以决定下一个正确的步骤。
- 当所处领域是“繁杂”（complicated）时（因果关系只有专家知道），我们会碰到难以理解的需求，例如对精密仪器中的意外行为进行故障排除。此时你需要通过自主分析或者聘请专家来开发相关的知识。
- 当所处领域是“复杂”（complex）时（因果只能通过回顾来

理解），对于不可预测的部分，如项目过程中不断变化的团队动态，过去在其他环境（其他团队）中的经验已不再是下一步行动的有效指南。相反，在决定如何应对之前，你需要基于多个视角进行实验和研究以了解现存的模式，然后决定如何回应。

- 当所处领域是“混乱”（chaotic）时（因果之间没有任何关系），比如分布式系统中的故障，应该首先采取行动，尝试使情况回归正轨。

作为一个理论体系，Cynefin 框架与软件和人类密切相关。我们构建的软件系统，至少都是繁杂的，并且经常有计划外的复杂应急行为，而构建软件系统的团队本身就是复杂的。Cynefin 框架帮助我们进一步认识到人类本身就是复杂的，不受简单规则的约束。它还为我们提供了良好的语言来描述为什么大规模软件制造方法（由所谓的可以替换的工人来完成简单工作），会造成灾难性的后果。

第 2 章　改善你的对话

为了逃离功能工厂，你需要学会可以帮你建立团队关系的关键对话。这些对话包括信任对话、恐惧对话、动机对话、承诺对话和当责对话。本章将会为你后续的学习提供一些准备工作。在你应对特定的对话之前，学会如何分析和构建你的通用对话技巧将异常重要。在本章的学习过程中，你将了解为什么对话是人类所特有的超能力，以及如何通过学习和实践来有效地利用这种能力。

本章也会提及提升对话能力路上你将会遇到的核心挑战，即我们没有知行合一，而我们却对此毫不知情。为了解决这个问题，我们将提供一个流程，也就是 4R 法来帮助你意识到该问题。我们将会向你展示如何记录（record）你的对话、如何从这些对话中反思（reflect）问题、如何修订（revise）它们以产生更好的替代方案，以及如何通过角色扮演（role play）来取得效果。最终我们将提供一系列对话案例，让你能够看到流程的实际运行方法。

一旦你掌握了 4R 法的基本原理，你就可以开始阅读本书第二部分，在那里你将学会如何进行每个特定的对话。

2.1 对话：人类的秘密武器

2.1.1 我们所特有的力量

尤瓦尔·诺厄·赫拉利（Yuval Noah Harari）在其著作《人类简史：从动物到上帝》中探讨了是什么让人类成为地球上的主导物种。他的回答是，我们有一种特殊的交流方式，在动物界中是独一无二的[①]。

许多动物可以通过叫声或动作传达“逃离危险”的想法。在此基础上，人类、动物的沟通，似乎是由“分享同一物种中其他个体的信息的需要”所驱动的，也就是闲聊的需要。闲聊使我们作为社会动物能够相互了解并建立起声誉，这反过来又使我们能够在更大的团队中协作，并发展更复杂的协作。事实上，理解他人、发展“心智理论”是如此重要，以至于哲学家丹尼尔·丹尼特（Daniel Dennett）在 *From Bacteria to Bach and Back: The Evolution of Minds* 一书中提出，我们自己的意识是理解他人心灵的副产品[②]。

虽然我们闲聊的能力超过了其他物种，但是赫拉利说：“人类语言真正的独特之处在于，我们具有讨论不存在的事物的能力[③]”。有了这项特殊能力，我们能够创造并相信这些虚构出的东西。这些虚构的东西让我们能够以空前的规模与未曾谋面的人群进行合作。通过这种方式，一个社会对索贝克[④]的信仰可以让其在尼罗河上创造防洪工程，正如赫拉利在他的另一本书《未来简史》中所描述的那样[⑤]。妮科尔·福

---

① Harari，*Sapiens: A Brief History of Humankind*, 20.

② Dennett, *From Bacteria to Bach and Back: The Evolution of Minds*, Chapter 14.

③ Harari, *Sapiens: A Brief History of Humankind*, Chapter 2.

④ 原文为 crocodile-header god，所描述的就是索贝克（Sobek），其为带有不可捉摸的性情的古埃及神祇，是当地尼罗鳄与西非鳄的象征，常以鳄鱼或鳄头人身的形式现身。——译者注

⑤ Harari, *Homo Deus: A Brief History of Tomorrow*, 158.

斯格伦（Nicole Forsgren）、耶兹·亨布尔和吉恩·金（Gene Kim）在 *Accelerate: The Science of Lean Software and DevOps: Building and Scaling High Performing Technology Organizations* 中宣称：持续改进的共同信念可以让我们创造一个学习环境和以绩效为导向的文化，而不是以权力为导向或以规则为导向的文化[①]。

2.1.2 为什么权力是有瑕疵的

对话使得合作成为可能，但这并非唯一选择。我们并不是生活在一个充满包容、和平和理解的世界的。诚实且善良的人们可能会产生分歧，甚至会把另一方视为敌人或“其他人”。除了我们惊人的对话能力之外，我们也具有预先存在的、固有的缺陷，即所谓的“认知偏见”（cognitive bias），具体参见表 2-1 中最常见的偏见样本，你可以参考丹尼尔·卡尼曼（Daniel Kahneman）的《思考，快与慢》获得更多认知偏见。这些偏见似乎是根植于我们大脑中的。这些认知偏见可以抑制我们的语言所能带来的合作。

表 2-1 最常见的偏见样本

名称	如何带来偏见
自我中心偏差	对积极的结果给予自己过高的评价
错误共识效应	高估别人对自己的认同程度，认为所有人以同一方式思考
赌徒谬误	相信随机事件受到先前结果的影响
控制的错觉	高估对外部事件的控制力
损失规避	拥有一件物品比获得更有价值的东西更重要
朴素实在论（naïve realism）	相信个人对现实的看法是准确且无偏见的

① Forsgren, Humble, and Kim, *Accelerate: The Science of Lean Software and DevOps: Building and Scaling High Performing Technology Organizations*, 31.

续表

名称	如何带来偏见
负面偏误	不愉快的事件比积极的事件更容易被回忆起来
正常化偏误	拒绝为新的灾难做计划
结果偏误[①]	通过结果而非决策过程质量来判断决策

我们的认知偏见对采纳敏捷、精益或 DevOps 方法会构成威胁，因为它们可以严重损害合作、人际关系和团队生产力。

在上文中，我们描述了透明度和好奇心是如何融入以人为本的实践中的，但这些都可以被一系列认知偏见所摧毁。错误共识效应就是一个例子，即我们认为自己的观点是普遍被接受的。它让我们故步自封、不愿分享以及询问他人的见解。毕竟当我们相信我们已经达成共识时，上述的那些做法意义何在？而朴素实在论，即相信我们看到的现实是真实的、没有偏见的，这对团队的动力更具腐蚀性。它让我们认为任何分歧都是对方无知、不理性、懒惰、充满偏见。在这些认知偏见的影响下，敏捷、精益和 DevOps 实践可能无法实现其所承诺的裨益。

2.2 从对话中学习

2.2.1 将对话用作调研工具

社会学家克里斯·阿吉里斯在耶鲁大学和哈佛大学商学院漫长而杰出的学术生涯中研究了组织行为，特别是在商业领域的组织行为。他的研究领域包括个人和组织学习，以及在“规范和价值层面促进学

① 又被称为“以成败论英雄”。——译者注

习”方面的有效干预[1]。谦逊对话（humble conversation）是阿吉里斯用来调研团队效率、提高组织绩效的主要工具。他发现，他需要了解的关于其研究的人和组织的“行动理论”（theory of action）的一切，都可以通过对话以及参与者未表达的想法来进行揭示。

阿吉里斯及其合作者唐纳德·舍恩使用“行动理论”一词来描述我们行动背后的“主控程序”，即逻辑[2]。根据他们的说法，我们都有自己想要实现的结果，我们使用自己的行动理论来选择需要采取的步骤。如果我的行动理论侧重于学习，那么我会采取生成信息的行为，比如分享我所知道的与相关情况有关的一切，并询问其他人所知道的信息。如果我的行动是以自我为中心的，那么我只会分享支持我的立场的信息，而不会询问那些我不知道答案的问题。

一般来说，我们并不明确思考我们的行动理论。然而正如我们刚刚提供的两个例子一样，我们可以在事后通过检查我们的行动选择来理解它们。阿吉里斯和舍恩的结论之一是，我们在知（信奉的理论，espoused theory）与行（使用的理论，theory-in-use）上存在差距[3]。

2.2.2 防御性推断与建设性推断：我们所做的与我们所说的

在继续阅读之前，请思考一个问题：如果有一个重要的选择，需要你们作为一个团队来共同做出最终决策，你会建议团队如何做决策？

当我们向听众提出这个问题时，我们得到了高度一致的答案。典型的回答是：“我想让每个人都尽情分享他们的已知信息、解释他们

① Argyris, Putnam, and McLain Smith, *Action Science: Concepts, Methods, and Skills for Research and Intervention*, 79.
② Argyris and Schön, *Theory in Practice: Increasing Professional Effectiveness*.
③ Argyris and Schön, *Theory in Practice: Increasing Professional Effectiveness*, 6-7.

的想法和理由，然后看看我们是否能就最佳方式达成共识[①]。”

如果你的答案也是这样，那么恭喜你，你的行为支持了阿吉里斯及其同事所说的“Ⅱ型行动理论”（model Ⅱ theory of action），或者“建设性推断”（productive reasoning）[②]。你声称重视透明度，分享你的理由和信息。你还声称重视好奇心，倾听每个人的想法，以了解他们的推理，以及他们拥有哪些你没有的信息。最后，你声称重视合作，通过共同设计的方式决定如何执行。虽然你可能使用了不同的表述方式，但是这些都是广为人知的、可以提高学习能力并让你做出更好的决策的做法。实际上，在没有威胁的情况下，你很有可能会**这样做**，因为没有什么重要的事情会受到威胁。然而不幸的是，如果你像阿吉里斯那样研究了 10000 多名跨越年龄和文化的人[③]（也可以再加上我们所遇到的那些人！），特别是当话题非常重要时，比如介绍公司的战略或领导文化转型时，你可能就开始言行不一。

阿吉里斯及其同事发现，尽管几乎每个人都声称采取了“建设性推断”的方法和行为，但当情况具有潜在威胁性或者令人感到尴尬时，人们的行为就会发生变化。在这些情况下，人们的**实际行为**将会与一个完全不同的实践理论相吻合，也就是阿吉里斯所说的“Ⅰ型行动理论”，或者“防御性推断”[④]。

我们在表 2-2 中对比了这两种行动理论。当我们采取防御性推断思维时，人们会采取行动消除威胁或潜在尴尬。为此他们倾向于单方面行动、不与人们分享他们的推理过程与结果、从输赢的角度考虑问题、避免表达负面情绪，并希望别人认为他们在理性行事。

① Argyris, Putnam, and McLain Smith, *Action Science: Concepts, Methods, and Skills for Research and Intervention*, 81-83.
② Argyris, *Organizational Traps: Leadership, Culture, Organizational Design*, 61.
③ Argyris, *Organizational Traps: Leadership, Culture, Organizational Design*, 17.
④ Argyris, Putnam, and McLain Smith, *Action Science: Concepts, Methods, and Skills for Research and Intervention*, 98-102.

表2-2 Ⅰ型和Ⅱ型行动理论对比

对比方面	Ⅰ型	Ⅱ型
管理价值观	界定并实现赢的目标，不想输； 压抑负面情绪； 理性对待事物	有效的信息； 自由和知情的选择； 内部承诺
策略	单方面行动； 拥有任务； 保护自己； 单方面保护他人	共享控制； 共同设计任务； 公开的测试理论
何时有用	数据很容易被观察到； 情况易于理解	数据相冲突或者被隐藏； 情况很复杂

数据来源：基于阿吉里斯、帕特南和麦克莱恩·史密斯的研究成果[①]

我们所信奉的理论和我们实际使用的理论之间的差异，是团队生产力悖论的核心。从理论上讲，我们重视多元化团队，因为我们知道多元化是一种优势；经验的多样性、知识的多样性，甚至是思维的多样性都可以使团队更加强大；每个新元素都会给团队带来更多的信息和想法，进而可以择优而选。

我们应该从多样性中寻求有价值的碰撞。通过此类碰撞，我们可以利用差异化来创造新的想法和更好的选择。然而在实践中，我们却倾向于将意见分歧视为威胁和潜在的尴尬，因此我们会采取防御措施。虽然我们曾经宣称重视多样性和卓有成效的思想交流，但防御性推断却让我们对它们唯恐避之不及。

防御性推断在实践中是什么样子的？我们将在书中举例说明很多防御性推断，但这里让我们先套用托尔斯泰在《安娜·卡列尼娜》中的话——建设性对话都是相似的，而防御性对话各有各的防御方

① Argyris, Putnam, and McLain Smith, *Action Science: Concepts, Methods, and Skills for Research and Intervention*, 90-99.

式。即便如此，防御性推断也会有一些常见的元素，比如它往往会具有隐藏的动机、未讨论的问题。除此之外，防御性推断还会在理解沟通内容之前，就做出反应，而这样的反应很有可能是错误的，或者是不合时宜的。所有的这些特征都会抑制学习并损害团队关系。

2.2.3 对话转型

为什么人们会选择这些适得其反的防御性行为，而不是我们认为会产生更好的结果的行为呢？答案是，我们是在无意识情况下做出选择的。在日常活动中，我们看不见所信奉的和所使用的理论之间的差异。通过多年的练习，我们可以毫不费力地产生防御性行为。事实上，就是因为如此的毫不费力，才导致了我们不知道自己在做什么，也不管这对我们来说是多么地适得其反，更不管它与我们所信奉的建设性推断理论是多么地背道而驰。更糟糕的是，我们完全不知道自己在使用防御性推断。如果有人试图让我们意识到这一点，我们会对此竭力否认。

当然好消息还是有的。阿吉里斯发现，针对对话的反思可以让参与者意识到自己的行为并改变它[①]。通过经常性的工作和练习，你可以学会如何让你的行为充斥着透明度和好奇心，这将促进团队共同设计和学习；你还可以学会跨组织进行知识分享，包括对之前认为是禁忌的高难度问题和解决方案的分享。然而坏消息是，这需要大量的练习。更糟糕的是，这种练习涉及高难度的情绪工作。

这种难度源于，你需要认识到自身的行为是造成困难的原因。你是否愿意考虑自己可能会导致低效的会议和防御性的关系？这种代价不是每个人都愿意承受的。退一步来说，即使你足够谦卑地承认上述问题的存在，并愿意为改变而付出努力，习得这些技能也是极度费

① Argyris, “Skilled Incompetence”, 5.

时的。阿吉里斯和他的同事认为，克服我们之前的习惯性行为，其需要付出的心力不啻于让一个网球新手通过训练打入奥运会①。如果这一切看起来如此让人望而生畏，那么请记住，你每天都有机会在解决组织中遇到的实际问题时进行刻苦练习。如果你有提升的动力，我们可以给你一些实践的技巧。

在本章的后续部分，我们将会向你演示如何从每天的对话中学习建设性推断。除了提供从对话中学习的核心技术（4R 法），我们还会提供一些案例供你练习。在本书的剩余部分中，你将会反复使用 4R 法来学习信任对话、恐惧对话、动机对话、承诺对话和当责对话的细节内容。上述 5 种对话将会解决一些常见的陷阱带来的问题。这些陷阱会阻碍我们使用我们所推崇的建设性推断。陷阱详情如下：

1. 当我们缺乏**信任**时，我们不愿意拥抱透明和保持好奇；

2. 当我们拥有未曾言明的**恐惧**时，我们就会有意识或者无意识地表现出防御性；

3. 当我们缺乏共同的**动机**时，我们就无法形成有价值的碰撞；

4. 只要情况让我们感觉到威胁或者尴尬，我们就会避免做出明确的**承诺**；

5. 如果我们不愿意**肩负责任**，我们将不会从经验中学到任何东西。

只有当我们克服了上述的挑战后，我们才能真正地拥有高绩效组织所需的富有成效的学习型对话。

2.3 补充知识：对话的类型

本书从头到尾谈论的内容是“对话”。所以值得花点儿时间解释

① Argyris, Putnam, and McLain Smith, *Action Science: Concepts, Methods, and Skills for Research and Intervention*, 88-98.

一下这些内容所适用的对话类型范围。

当我们说“对话”的时候，第一个跳出来的画面很可能是在同一个方面与两人或者多人进行面对面的接触。然而我们大多数人都有一些经常使用的其他类型的沟通途径——电子邮件无处不在；Slack、Microsoft Teams 以及 IRC（internet replay chat）等聊天系统早已众所周知；使用视频的分布式会议系统已经逐步普及，这比只使用语音的电话会议系统有了长足的进步。

我们相信本书中的内容对所有这些对话模式都是有用的，但也需要考虑不同对话方式在沟通有效性方面所做的权衡。图 2-1 所示为基于阿利斯泰尔·科伯恩提供的模型，对这些权衡做法进行了可视化展示[①]。

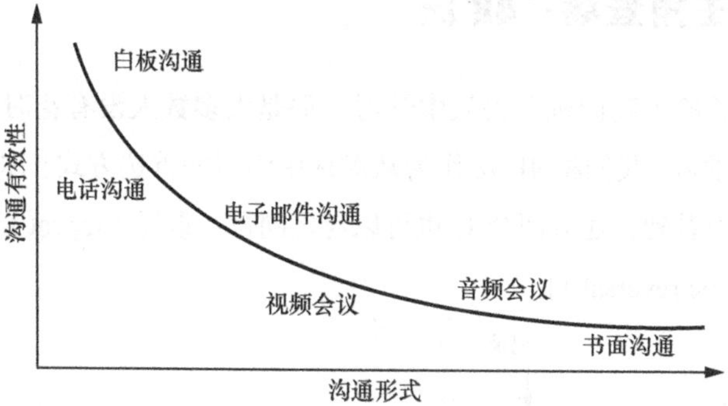

图 2-1 不同沟通方式的有效性

如同科伯恩所言，“最有效的沟通就是人与人之间进行面对面的沟通，比如站在白板前的两个人”[②]。因为除去其他特点，它还为两名参与者提供了尽可能多的肢体语言信息，以及最快的响应速度。然而当你在进行困难的对话且沟通的一方或者双方都感受到强烈的情

① Cockburn, “Characterizing People as Non-Linear, First-Order Components in Software Development”.
② Cockburn, “Characterizing People as Non-Linear, First-Order Components in Software Development”.

绪时，这些特征也可以让对话变得难上加难。比如，涨红的面庞可以提供额外的信息，但它也会让人感到畏惧和分心。

作为学习的机会，异步沟通可以提供一些优势。首先你可以更好地记录沟通各方的真实发言，这可以为后面的对话分析提供莫大帮助[①]。更有甚者，异步沟通让我们可以在响应之前起草多份草稿。比如通过将 4R 法应用在草拟的电子邮件上，让我们可以在应用所学技巧的同时，将这些领悟纳入我们最终发送的电子邮件中。

归根究底，你所追求的技能是面对面、实时地应用这些技巧的能力。充分利用异步沟通的学习机会可以帮助你更好地习得这项能力。

2.4 主角登场：4R 法

经验给了我们机会去从中学习，但是大多数人没有花时间真正地从中学习。我们将 4R 法作为从对话中学习的首选方式［你可以在图 2-2 中看到，还有两个 R 也可以与之同行：重复（repeat）和角色转换（role reversal）］。

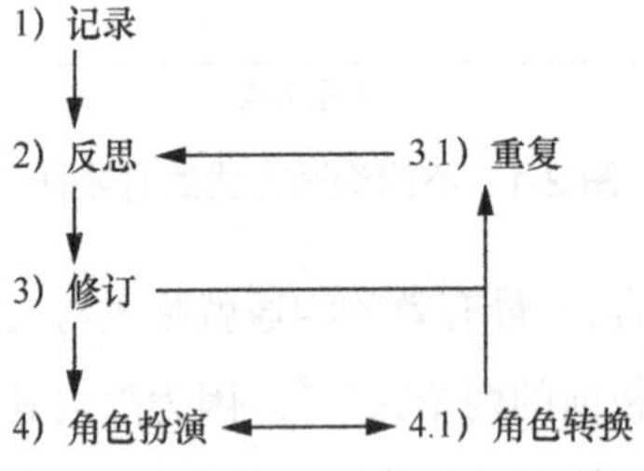

图 2-2 4R 法

开始使用 4R 法时，你需要以书面的方式**记录**对话。在 2.5 节中，

① 将你在白板前进行的面对面对话以视频的方式记录下来以供后续回顾，这种实践也是我们所推荐的。但这种做法在我们工作过的大部分团队均没有得到充分应用。

我们将会对我们首选的双栏对话分析法进行讲解。你可能不是很想使用纸笔，而是只在你的脑海中思考对话内容，或者与朋友就对话进行谈论。相信我，**千万别那么做**！用纸笔将对话记录下来是使用 4R 法过程中必不可少的一环。纸笔记录的过程迫使你的大脑在思考时保有距离感，就好像该对话是发生在别人身上的。正如我们将在后面看到的那样，这种距离感对通过反思与修订的方式来获得领悟至关重要①。

当你将对话**记录**下来后，是时候对它进行**反思了！**此时你需要将精力集中在你准备使用的工具和技术上。对每类对话，我们都建议使用特定的工具。随着时间的推移和经验的累积，你可以根据不同的对话需要在不同的工具中随意切换。但在一开始，我们建议你每次只使用一种工具或技术。我们将会指导你如何使用工具对自己的对话进行打分，这种反思将会启发你获得一些可能的改进。

在给自己的对话打分后，**修订**你的对话尝试获得更好的结果。如何知道你获得了提升呢？此时你可以使用**重复**：拿着你修订后的对话，再次反思。这次你是否比第一轮获得了更好的分数呢？有时你可能会惊讶地发现，修订后的版本评分还不如修订前的版本评分。不要气馁，这很正常，尤其是你刚刚开始学习一项新的技能时。你可能需要经过更多次的尝试后，才能生成一个能满足所有技术要求的修订结果。

当完成了对之前对话的修订后，还有最后一步需要完成：**角色扮演**。找到一个愿意帮助你的朋友，将其作为你的对话伙伴，然后大声地将修订后的对话说出来。大声说出来的感觉如何？我们经常见到“写出来没问题，但是说出来就很不自然”的情况——也许有些措词

① 另一个极端版本的距离感来自我们的朋友兼老师本杰明·米切尔。他使用录音设备来捕捉他的对话。他告诉我们当他第一次从磁带上听到自己的说话内容并注意到自己犯的错误时，他会对着录音设备大叫：“本杰明！别那么做!!”

需要修改，又或许你只是需要用另一种不同的方式练习说话。

另一种不错的检查你学习进展的方式，是第二个隐藏的 R，即**角色转换**——交换你们的角色，让你的朋友说你的台词。站在另一个人的角度，听到你修订后的文字，你有什么感受？通常来说，聆听自己说的话，可以在不影响你所练习技能的情况下，为你提供一些想法，让你可以将对话调整得更加自然。

在一个对话中，遵循上述 4 个步骤（记录、反思、修订、角色扮演），将会在单一对话经验中为你提供更多的学习机会。在一系列的对话中遵循上述步骤，将极大地提升你的整体学习量和速度，并且将会为你和你的团队带来巨大的实质性收益。

2.5 对话分析

如同我们刚刚所解释的，4R 法的第一步就是去记录你想要提升的对话。我们将要向你展示一种由克里斯·阿吉里斯发明并使用的神奇的技术，该技术用于捕捉对话中的关键元素。我们特别喜欢该技术的原因有两个。首先，它是明确规格化的且固化的，这对大脑的运作方式极具吸引力。其次，它顺理成章地适用于其他 3 个步骤：反思、修订和角色扮演。

在一开始，对话分析可能看起来太简单而毫无价值，但它却是获得重要领悟和改进后对话的捷径。我们将在全书中使用它，并展示其如何让每种对话都获得成功。

2.5.1 你将需要

1. 一张普通的纸（一张就够了，原因我们将稍后解释）。

2. 一支钢笔、铅笔或者其他任何书写工具。

这些就足够了（你看，真的很简单吧！）。再次提醒，不要因为你会脑补或者记住你的对话内容就跳过将其写下来的任务，一定要将其写在一张货真价实的纸上。当距离感帮助你获得关键性领悟时，你将会对“写下来”这个行为感激涕零。

2.5.2　第一步：记录你的对话

选择一个你希望改进的对话。它可以是最近发生的，也可以不是。你可以分析久远前发生的或者尚未发生但你正在担忧的对话（尚未发生的对话是我们的最爱）。

然后将纸沿着长边对折，这就有了两列。在右侧这列，写下对话中每个人说过的话。不用考虑记录下每一个字，你的目的是记录下对话的主观感受和特征，而不必字斟句酌。另一方面，也尽量不进行编辑或者在字里行间加入任何其他内容。你所试图记录的内容，就是对话的原貌。

在你写完对话内容后，在左侧这列写下当你听到这些对话内容时内心所想。不要在此有所保留。通常在一个困难的对话中，你的所想和你的所说会有天壤之别。因此将所有你头脑中闪过的念头都记录下来，不论它们看起来多么地离题万里或者失之偏颇。**重点警告**：你绝对**不能**写下其他人心中所想[①]！

---

① 这里有两个例外：第一，如果你和其他人一起来写示例，你可以将他人所想包含进来，这可能是一个收获颇丰的练习，也可能是一个令人望而却步的练习（具体案例见第 5 章）；第二，如果你拥有超强的心灵感应能力，这条规则对你来说同样无效，但是恕我直言，如果你真的拥有读心术，本书大部分的内容都对你不适用。

提示：保持简短

我们发现对话分析方法的新手经常会尝试捕捉长篇大论的每一个字，从而导致记下的内容远超其需要。这毫无必要。如果你聚焦在对话中对你来说最情绪化的部分，大概率你可以将关键的部分写在纸的某一侧，这也就是我们告诉你只需准备一张纸的原因。

保持这种聚焦的状态，意味着你可能需要从对话的中间部分开始，而不是从头开始。对此你不用担心，你可以放心地假设读者知道对话的情景以及参与者之前的对话——毕竟你才是主要的读者。

如果你发现你的对话无法写在一页纸上，你需要从当前案例中节选出你认为最重要的一部分，比如节选出只有半页纸的对话①。短小精悍的案例将会帮助你创建一个更具价值、更有利于分析的案例。

双栏对话分析法案例

让我们用双栏对话分析法来分析一下两位作者的真实对话。该案例有意识地展示了对话分析的所有关键特征：简短、包含想法和实际的对话，并以展示左、右两栏的差异的方式提供了大量的学习机会。

当你看到其他人记录下来的对话时，请根据对话记录顺序进行阅读：首先阅读右侧栏，这样你就可以了解当时的对话情况。然后退回到开头，将两栏连在一起阅读，从而你可以了解在外部对话发生的同时内心的对话是怎样的。如果你按照从左往右、从上往下的顺序阅读，你将会看到早在杰弗里说要离开之前，斯奎勒尔就开始担忧杰弗里缺席的问题。如果你将对话大声读出来，你可能会加上提示，用于提醒所思所想和所说之间的区别：杰弗里说“我将在国外参加我们下一次预定的在线培训”，斯奎勒尔

---

① 最近我们在更短的“两句话”案例中获得成功，此类案例由“你的一句话”和“对方的一句话”所构成。我们向你保证，在非常短暂的交流中你同样可以得到关键性领悟。

的想法是"哎哟！通常是杰弗里设置手机和软件连接"，诸如此类。由于我们通常不知道内心对话与外部对话之间的区别，这使得这种形式虽然很有用，但有时在一开始会很难把握。所以耐心一点儿，当你记录了若干次你自己的对话后，分析就会变得容易多了。

2.5.3 杰弗里与斯奎勒尔的对话

先阅读表 2-3 右侧栏，然后回到开头从右向左读。

表 2-3 杰弗里与斯奎勒尔的对话

斯奎勒尔所想所感	杰弗里与斯奎勒尔的对话
哎哟！通常是杰弗里设置手机和软件连接。现在我们该怎么办？	杰弗里：我将在国外参加我们下一次预定的在线培训。
看起来糟糕透了。我想我们将不得不放弃了。	斯奎勒尔：OK，我猜那就意味着我们不能在你的办公室做培训了。我们应该取消本次培训吗？
当然！但是我将如何让视频会议开始工作呢？以前杰弗里弄的时候，看起来就很烦琐。	杰弗里：那倒不用。我确定我能拨号进来。那时你在家就好，不用来办公室。
真是好消息。我将从通勤的压力中解放出来。	斯奎勒尔：好的。我猜你可以通过电话加入进来，同时也意味着我少了一些通勤。但是我从来没有设置过软件和手机连接。
对比杰弗里而言，在这种事情上我比较没有信心。	杰弗里：别担心。组织者发给我们一个包含详细设置步骤的教程链接。你不会碰到麻烦的。
如果我搞砸了怎么办？数以百计的与会者会因为他们付费的培训被推迟而异常愤怒。我想我不得不去尝试做一下了。	斯奎勒尔：好吧，我想我可以尝试一下。

如果你只读右侧栏，你会看一个相对平静的对话，斯奎勒尔只是有一些轻微的质疑。如果你也在房间内，这实际上也就是你所能观察到的。但是左侧栏揭露了斯奎勒尔更多的恐惧和担心，这些感受借由类似于“糟糕透了”“愤怒”等字眼体现了其深层次的感受。当我们使用即将向你展示的技术来分析案例时，这些未表达的、可能无法讨论的想法和感受正是我们需要关注的内容。

2.6 分析对话：反思、修订与角色扮演

一旦你将你的对话记录下来，接下来就该将其拆解、理解其工作原理并且寻求方法改善它，也就是 4R 法中的反思、修订、角色扮演的步骤。当你评论你的对话时，你会想要使用某种标准来对自己进行度量。我们建议检查对话中的透明度和好奇心，因为它们是达成合作的关键因素。在这个过程中，我们也要投入精力关注对话中的行为模式。

当我们对对话进行反思时，我们要对对话进行标注，以便指导我们后续的修订版本（见图 2-3）。考虑使用红色（或其他颜色）笔来让你的标注更加醒目。

让我们从诺伯特分析过的对话开始，他是一家中等规模组织的系统管理员。他和他的老板奎因（Quinn）正在尝试决定哪种虚拟化软件最适合在新项目中使用。

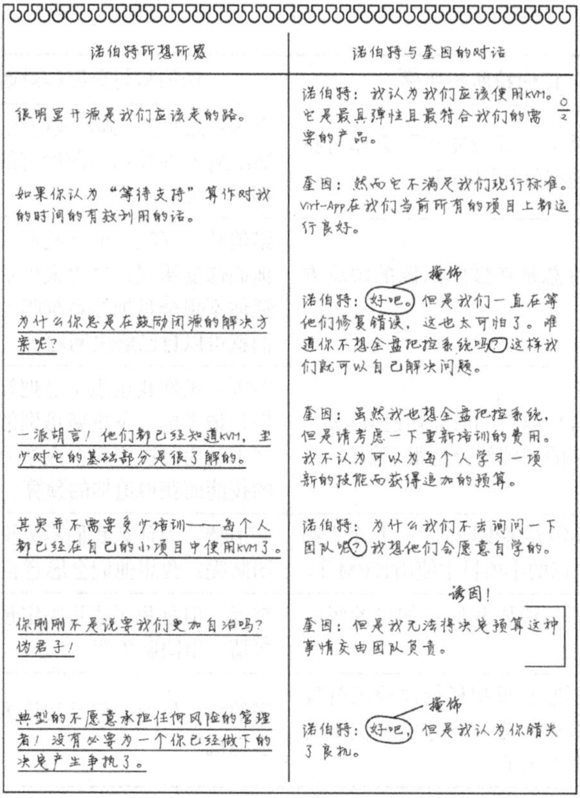

诺伯特所想所感	诺伯特与奎因的对话
很明显开源是我们应该走的路。	诺伯特：我认为我们应该使用KVM。它是最具弹性且最符合我们的需要的产品。 0/2
如果你认为“等待支持”算作对我的时间的有效利用的话。	奎因：然而它不满足我们现行标准。Virt-App在我们当前所有的项目上都运行良好。
为什么你总是在鼓励闭源的解决方案呢？	掩饰 诺伯特：好吧。但是我们一直在等他们修复错误，这也太可怕了。难道你不想全盘把控系统吗？这样我们就可以自己解决问题。
一派胡言！他们都已经知道KVM，至少对它的基础部分是很了解的。	奎因：虽然我也想全盘把控系统，但是请考虑一下重新培训的费用。我不认为可以为每个人学习一项新的技能而获得追加的预算。
其实并不需要多少培训——每个人都已经在自己的小项目中使用KVM了。	诺伯特：为什么我们不去询问一下团队呢？我想他们会愿意自学的。
你刚刚不是说要我们更加自治吗？伪君子！	诱因！ 奎因：但是我无法将决定预算这种事情交由团队负责。
典型的不愿意承担任何风险的管理者！没有必要为一个你已经做下的决定产生争执了。	掩饰 诺伯特：好吧，但是我认为你错失了良机。

图 2-3 诺伯特（Norbert）标注的对话

2.6.1 诺伯特与奎因的实际对话内容

先阅读表 2-4 右侧栏，然后回到开头从右向左读。

表 2-4 诺伯特与奎因的对话

诺伯特所想所感	诺伯特与奎因的对话
很明显开源是我们应该走的路。	诺伯特：我认为我们应该使用KVM。它是最具弹性且最符合我们的需要的产品。

续表

诺伯特所想所感	诺伯特与奎因的对话
如果你认为“等待支持”算作对我的时间的有效利用的话。	奎因：然而它不满足我们现行标准。Virt-App 在我们当前所有的项目上都运行良好。
为什么你总是在鼓励闭源的解决方案呢？	诺伯特：好吧。但是我们一直在等他们修复错误，这也太可怕了。难道你不想全盘把控系统吗？这样我们就可以自己解决问题。
一派胡言！他们都已经知道 KVM，至少对它的基础部分是很了解的。	奎因：虽然我也想全盘把控系统，但是请考虑一下重新培训的费用。我不认为可以为每个人学习一项新的技能而获得追加的预算。
其实并不需要多少培训——每个人都已经在自己的小项目中使用KVM了。	诺伯特：为什么我们不去询问一下团队呢？我想他们会愿意自学的。
你刚刚不是说要我们更加自治吗？伪君子！	奎因：但是我无法将决定预算这种事情交由团队负责。
典型的不愿意承担任何风险的管理者！没有必要为一个你已经做下的决定产生争执了。	诺伯特：好吧，但是我认为你错失了良机。

“我对这个对话很不满意。”诺伯特事后说，“奎因否定了我喜欢的解决方案。更糟的是，我感觉自己被操控着同意使用奎因喜欢的 Virt-App。”我们可以从诺伯特与奎因的对话记录的左侧栏看到这种消极观点逐步发酵。对话记录以“嘲讽”开始，以“宿命论”结束。

诺伯特如何修订这次对话以得到不同的结果呢？下面我们介绍他是如何分析对话以发现更有效的选择的。这些基本的分析步骤，你可以用在任何对话中。随着你在本书中学习更多的技术，我们将根据对话中使用的不同技术，为你提供不同的对话评分方法，从而让你可以从中进行进一步的学习。

2.6.2 针对好奇心的反思：问题分数

我们正在找寻的创造性推断的基本原理是好奇心。为了评估我们的好奇心程度，我们可以使用**问题分数**（question fraction）这一指标。为了确定当前对话的问题分数，诺伯特首先查看了右侧栏并将所有的问号进行标记。这里他总共找到了 2 个。他在右侧栏顶端写下了分数线和分母 2，$\frac{?}{2}$。

现在才是困难的部分：诺伯特问自己“是否我的每个问题都是真诚的（genuine）？”**真诚的问题**包含以下特点[1]：

- 你是真的想知道该问题的答案；
- 有理由认为答案会让你大吃一惊；
- 你愿意根据得到的答案而改变自己的观点或者行为。

相反，不真诚的问题更多是在表明观点而非学习新鲜事物。这些问题往往是变相的陈述，或试图引导他人得出结论。律师尤为擅长提出具有引导性的问题，旨在迫使不愿作证的证人做出特定的回答：“你是否在中午时分驱车去了鲍勃（Bob）的房子？邻居看见你砰砰敲门并愤怒地喊叫，是吗？而当他开门的时候，你拔出了枪，是吗？”

关键是，你无法单纯从他们说的内容就区分出问题真诚与不真诚。同样的问题，在一个场景下是真诚的，在另一个场景下却不是。区分的关键在于提问者不曾明说的想法。比如，如果我问你“你已经将这个严重的问题修复了吗？”我可能真的想知道修复的状态，或者我只是想迫使你去修复它，或者我只是巧妙地对你还没有开发我认为最重要的功能进行抱怨。只有我的左侧栏（我的想法）才能揭露我真实的动机。

在对其问题的真诚与否进行反思时，诺伯特说：“虽然很难承认，但我从左侧栏中看出，我的问题没有一个是真诚的。第一个问题，我

① Loosely based on Schwarz, “Eight Behaviors for Smarter Teams”.

问了关于控制度的问题，因为我想促使奎因使用开源解决方案。然后当我建议去询问团队的意见时，由于我是团队的领导，我知道他们倾向于 KVM，因此这其实是一种以获得更多证据支持我的做法。”

由于没有问题是真诚的，诺伯特在之前未完成的分数的分子位置，写上了 0，得到了 $\frac{0}{2}$。“哇！我想已经很明显了，我对奎因的想法不是非常好奇。我甚至都没有问出一个真诚的问题。”

重申一下，当你分析对话时，把你的问题数量加起来，这就是你的分母；然后分析你的问题中有多少是真诚的，这就是你的分子。然后你就可以得到你的问题分数为 $\frac{\text{真诚的问题数}}{\text{问题的总数}}$。

问题分数可以帮助你理解你在对话中表现出了多少好奇心。你可能认为你是以开放的心态进行对话的，但如果你没有提出真诚的问题，你就没有表现出这种好奇心。当你进入“修订”步骤时，这些都是非常有价值的输入意见。

2.6.3 对透明度的反思：未曾言明的想法与感受

下一步，诺伯特转向了他的左侧栏。正如在高难度对话中常见的那样，这一栏有很多的陈述和问题没有出现在右侧栏中。换言之，它包含一些未表达的观点，而这些观点代表着一些未曾言明的想法与感受。人们在对话中特别难以分享情绪，这不仅仅是因为我们缺少分享情绪的练习，还因为这种做法也违反了防御性心态的两个标准原则：避免表达负面情绪、需被视为理性行事。

当反思我们如何可以更高效地分享我们的情绪时，马歇尔·卢森堡（Marshall Rosenberg）的《非暴力沟通》一书中关于分享情绪的指导方针值得一读。

- 区分针对事物的感受与看法。我们经常在“我觉得”后面接上我们的想法，比如“我觉得我们做了一个错误的决定”。如果我们可以将“我觉得”换成“我认为”，我们就不是在表达情绪。
- 区分针对自己的感受和看法。“我觉得自己像个骗子”就是在分享我们对自己的看法，而非情绪。
- 区分我们如何感受，以及如何看待别人针对我们的反应或行为。这也许是这些指导方针中最难的一条。因为当我们说“我感觉被忽视了”“被误解了”或者其他类似的事情，我们实际上是在表达其他人的行为——他们忽视或者误解了我们。此时我们也不是在表达情绪。
- 建立感受词汇表。无论是说“那件事情发生时我感觉很好”还是“那件事情发生时我感觉很糟糕”，这都是很不具体的表达。对于特定情绪状态的描述，我们能找到许多词（可以从非暴力沟通中心所提供的便捷情绪清单中看到这些情绪状态的描述[①]）。请努力找出最能准确表达你的感受的那一个词。

这些指导方针如此难以实施的原因是，虽然这些陈述没有直接表达情绪，但都会在我们心中激起强烈的情绪。由于这些情绪对我们来说非常强烈且清晰，我们认为它们对其他人来说也是显而易见的。这种被称为“洞察错觉”（illusion of transparency）的认知偏差，是实现真正透明的拦路虎之一。我们为什么要分享那些看起来一目了然的东西？当我们对自己的对话进行反思时，我们需要告诫自己“如果我们不明确地分享自己的情绪，我们自己也就不是透明的了。”

当我们检查我们未曾表达的想法时，另一条来自卢森堡的小贴士

① Center for Nonviolent Communication, “Feelings Inventory”.

也值得被记住：将评估与观察区分开来[①]。我们的天性是可以快速、毫不费力地为看到的其他人的行为赋予意图，就好像诺伯特给奎因打上“伪君子”的标签一样。这些评估来得如此之快，很容易被误认为是事实。 类似地，我们对他人的情绪进行解读，并对自己的判断有着过分的自信（又是“洞察错觉”）。当我们意识到这些我们自己解读出的意图，或者他人没有表达出的情绪时，这些信息都会成为好奇心的触发器，也就是我们询问对方真实想法和感受的触发器。

考虑到所有这些点，诺伯特给左侧栏（他的想法）中没有在右侧栏表达或者只是部分表达的句子都添加了下画线。

“在对话的开始两句，我自己疑神疑鬼。”诺伯特说，“我间接表达了对开源的支持。在解释我为何反对 Virt-App 时，我提到了等待的问题，但我没有明确表达我有多么痛恨在等待中浪费时间。在接下来的对话中，我的想法变得越来越消极和轻蔑，但我没有分享这些感受，所以我在所有其他的事情下都画了线。看看我画的每一条线，我可以看出我对奎因不是很透明。我没有分享我所掌握的事实，我也没有分享我当时的**任何**情绪。”

2.6.4 反思模式：诱因、掩饰和本能反应

现在诺伯特找寻他个人的存在于对话中的**诱因**（trigger）、**掩饰**（tell）和**本能反应**（twitch）。这些都是个人行为，因此当你分析了你的几次对话并且注意到重复的行为模式时，它们就会变得非常明显。

- **诱因**是一种可以让你做出强烈反应的外部行为、陈述或者其他事件。比如一个欠缺经验的研发人员在听到“初级工程师”

① Rosenberg, *Nonviolent Communication: A Language of Life, 3rd ed*, 93.

这种说法被用在他身上时，他可能会变得很沮丧并且想从对话中逃离，因为这让他觉得自己对团队的价值很低。

- **掩饰**（就像在扑克游戏中一样）是一种行为，预示着你的行为不具备透明度和好奇心。比如当一个管理者很崩溃并且认为团队没有接受他的指示时，他可能就会在会议室中来回踱步。
- **本能反应**是不论当前局势下具体情况为何，你都会做出的本能性的默认反应。比如一个人很可能倾向于快速做出决定并在后续对其进行调整，而另一个人则倾向于推迟决策，直到所有的事实都得到证实。

从你的诱因、掩饰和本能反应中学习，可以帮助你度德量力，并且让你在当下的反应中有更多的选择。两位作者也从这种类型的分析中受益良多。斯奎勒尔发现了一个诱因，他注意到当一个身材魁梧的同事站在他旁边时，他会感到焦虑且充满防御。于是当他和高个子同事交谈时，他将自己的行为调整为站起来沟通。杰弗里从分析自己的对话中发现，当他在描述某些不那么明显的事物的时候，他就会说“显然”这个词且将他的左手举起。现在当杰弗里发现自己在做这件事情的时候，他就会说“这不是很明显”然后解释当时他内心所想。

没有任何本能反应是错误的，同时也没有任何本能反应适用于所有的情况。当你注意到你的行为与你的本能反应保持一致时，这可能是一个很有用的提示，让我们思考这种本能反应是否非常适用于当前场景。

“我在对话中发现了一个诱因和一个掩饰。”诺伯特说道，“首先，我对奎因拒绝向团队咨询这件事情反应强烈，并且在左侧栏中称呼他为‘伪君子’。当人们断然拒绝那些我看起来合情合理的请求时，我经常会做出这种行为。所以，这是一个诱因。”

“与此同时，当我感觉很不爽的时候，我两次使用了‘好吧’这个词。在第二次的时候，我在左侧栏狠狠地抨击了奎因，而在右侧栏我却同意了他的观点。我希望我在未来能够注意到这个言不由衷的掩饰行为。”

当你从你的对话中识别出诱因、掩饰或者本能反应的时候，将它们圈出来并做上标记。在对话中做上标记有助于指导你完成“修订”步骤，同时也有助于你在日后的对话和分析中回忆起它。

2.6.5 修订：创造更好的替代方案

终于到了诺伯特以解决所识别的问题的方式来重写对话的时候了，此前他所标注的对话记录将会为该过程提供一些指导。

“我想要变得更具好奇心，想要问出更多真诚的问题。”诺伯特说，“我还认为我应该更加透明，把我的一些富有挑战性的想法和感受从左侧栏转移到右侧栏，并且将它们用充满建设性的方法表达出来。我想设计出预先计划好的行动，以响应我识别出的诱因和掩饰。我的目标是练习我所学的新技能，更多地了解奎因的想法，并确保奎因知道他的管理风格会对我产生多大的影响。”

先阅读表 2-5 右侧栏，然后回到开头从右向左读。

表 2-5 修订后的诺伯特与奎因的对话

诺伯特所想所感	诺伯特与奎因的对话
开源是必然的道路，但我也想听听奎因的想法。	诺伯特：我认为我们应该使用 KVM，因为它是如此的灵活。你怎么认为呢？
这是一个充满挑战的答案。我不会将“等待支持”视为对我的时间的有效利用。	奎因：它的确是很灵活，但是它不符合我们的标准。Virt-App 在我们所有的项目上都运行良好。

续表

诺伯特所想所感	诺伯特与奎因的对话
抓到我的“掩饰”行为了。奎因是否认同我们过分依赖供应商?	诺伯特：好吧，哦，不，其实并不好，因为 Virt-App 对我们的要求响应得非常迟缓。我真的因为花太多时间等待他们的支持而变得很沮丧。我也担心我们对供应商的依赖度过高，你有同感吗?
培训是需要考虑的，但我们已经可以做到这一点了。	奎因：这是个好问题。我不知道他们的响应时间如此之差。但是重新培训的费用该怎么解决呢？我不认为我可以为每个人获得额外的预算来学习一种新的工具。
其实并不需要多少培训。每个人都在自己的小项目中把它用起来了。	诺伯特：其实每个人都已经知道 KVM，我可以和他们再确认一下。你认为这样如何?
你不是说你想让我们拥有更多的自主权吗？这是我的诱因之一，所以我将要尝试直接提出关于自治的问题。	奎因：获得这些信息当然是很好的，但是不要让他们认为已经做出了决定。很抱歉，我不能让团队做出这种关键决策。
我希望我们能够就增加团队自组织进行有意义的讨论。	诺伯特：你知道吗，这让我们感觉很不舒服，因为我认为我们需要更多而非更少的自主权。我们能进一步谈一下我们该如何做决策吗?

“这远远称不上是一个完美的对话。”在对修订后的对话进行反思时，诺伯特如是说，“但是我做到了将大部分左侧栏的担忧都进行分享。我也问出了 3 个真诚的问题，并且我捕捉到了自己的诱因和掩饰信号。”

请自行尝试对修订后的对话进行重新评分，或者用笔将透明度、本能反应、掩饰和诱因标出，看看你是否同意诺伯特所认为“更有效”的观点。当你自己尝试这么做时，预计在开始时会发现反思与修订都很困难，因为你在学的技能都是说起来简单、掌握起来却相当困难的。实际上，多次修订相同案例、对修订进行反思以及对其重新打分是非常正常的。甚至可能需要多次迭代，才能找到令人满意的替代方案。

2.6.6 角色扮演：练习产生更好的对话

4R 法的最后一步，即角色扮演，有助于使得应用新技能的对话给人自然的感觉。因此尝试将你修订后的对话与朋友、同事一起，甚至可以对着镜子，将其大声读出来。当你读每一行的时候，考虑一下说话的感受并调整对话，直到感觉自然且舒适为止。作为最终测试，与你的朋友反转角色，想想听到那些话时你的感受。我们的经验是，人们在编写、讲述、倾听等不同步骤中，都会获得不同的领悟，并就此进行相应的调整。

“把对话大声读出来比我想象中的还要困难。”诺伯特反思道，“即使在角色扮演中，我也能感受到自己会因团队不能参与到决策中而感到愤怒。而角色互换后，当那些对话从其他人口中说给我听时，我意识到我没有真正分享我对当前局势沮丧的程度。我做了最终的修订，明确地分享了我的感受，这听起来比之前有效多了。”

2.7 对话案例

你可以用下面的示例来练习对话分析。尝试用我们上面说的方法来给对话打分，然后就如何解决分数所暴露的问题重写该对话。如果你感觉这很困难，不用担心，每个人在开始的时候都是如此。在本书的剩余部分，有大量的技术可以尝试，也有大量的机会可以供你练习。下面我们将会带你完成第一个示例。

2.7.1 谭雅和凯：限制在制品

谭雅（Tenya）说："我刚刚参与了一个精益创业的课程，我作为产品负责人（product owner）为敏捷软件团队绘制了一幅价值流图（value stream map）。我认为应该开始限制我们的在制品，因为在我们在研发过程的几个步骤中，都存在着大量的缓冲（buffering）。我感觉限制在制品会遇到一个很大的障碍，那就是在发布之前，我们总要等我们的测试人员凯（Kay）验证所有最新的修改。我相信很容易说服她，让她相信我们应该限制在制品以提高效率。"

先阅读表 2-6 右侧栏，然后回到开头从右向左读。

表 2-6 谭雅与凯的对话

谭雅所想所感	谭雅与凯的对话
凯会喜欢这个的！	谭雅：我为你找到了一个解决方案！我们终于不用为了完成你的测试工作，而在冲刺结束前对你持续施压了。
在瓶颈处增加容量的做法不可扩展，并且我们也没有相关预算。我将要对此进行解释。	凯：太好了！是我们雇佣了一名新的测试人员吗？我们显然需要这么一名测试人员。
我肯定凯会看到这些好处的。我只是不知道从哪里开始设置在制品限制。	谭雅：嗯，这其实比雇佣新人更棒。我们要做的是限制进入"等待测试"列的工单数量。3 个是不是就可以了？
嗯……需要对她进行更多的解释。	凯：等等！这难道不会让工程师更加恼火吗？如果那么做的话，他们会更早地就将开发中的功能积压起来了。
我们在课上看到了一个很好的图表，应该可以清楚地说明该问题。	谭雅：不，这就是限制在制品的魅力所在。工程师会因为"拉动系统"的缘故，在一开始就处理更少的工单。让我给你演示一下。

续表

谭雅所想所感	谭雅与凯的对话
我太失望了！她完全搞错了。她为什么不让我解释一下，一旦有了在制品限制，她的工作将会轻松得多呢？	凯：我对此抱以很大的怀疑。高管们总是在说我们应该做完更多的工作而不是更少。也许你可以晚些时候向我展示一下。但是现在我要为明天的发布先完成一个测试工作。
搞不懂，到底哪里出错了？	谭雅：好的，要不明天站会结束后吧？

对于这个示例，我们将会提供我们对它的打分，以及我们修订过的对话。但是请尝试不要在自己打分和修订之前查看我们的结果，同时也不要因为打分或者修订结果与我们不同就感到担忧。这里没有所谓的**正确**答案，只有对你有用的**改进**而已（如果不记得怎么做，可以在前文找到关于问题分数、未曾言明的想法和感受，以及诱因、掩饰和本能反应等内容）。

问题分数。谭雅在右侧栏中提了一个问题“3 个是不是就可以了？”，因此我们在问题分数的分母位置写上 1。这个问题是真诚的吗？也许只有谭雅自己清楚，但是我们怀疑这个问题不是。她的确是想知道到底应该将在制品限制设定为多少（她也在左侧栏中说了这点），但是很难相信她会接受一个令人惊讶的答案——想象一下如果凯说 0 个、100 个或者“5 个用德语编写的需求”时会发生什么。并且当凯给出了一个让人错愕的反应时，谭雅显然对改变自己的看法和行为不感兴趣，反而更加明确、激烈地解释自己的想法。所以我们认为她有 0 个真诚的问题。最终问题分数为 $\frac{0}{1}$。

未曾言明的想法和感受。就我们所见，由于左侧栏的所有内容都未显示在右侧栏中，因此左侧栏中所有的内容都带有下画线。谭雅认为凯应该喜欢这个解决方案，即雇佣并不能解决问题，而是凯需要对在制品限制有一个清晰明了的认知。在对话的结尾，谭雅觉得失望且迷惑，但是她依然没有与凯分享自己的感受。

诱因、掩饰和本能反应。如果没有更多的例子，我们很难帮助谭雅找到她需要注意的措辞或表达方式。一个可能有用的点是她在左侧栏反复强调“凯只是需要更多的解释”，我们将它圈出来，并将其标注为一个可能的掩饰行为。当她注意到自己的这种想法时，她可能会用另一种行为来代替当前行为。

2.7.2 修订后的谭雅与凯的对话

下面是一个修订后的对话。尝试对它进行评分，然后请自行判断该修订后的对话是否更有效。或者你会用不同的方法来应对谭雅这种情况吗？

先阅读表 2-7 右侧栏，然后回到开头从右向左读。

表 2-7 修订后的谭雅与凯的对话

谭雅所想所感	谭雅与凯的对话
让我们看看凯是否有兴趣听听在制品限制。我认为那真的能帮助到她。	谭雅：我刚刚从精益创业课程中回来，并且我有一个你可能会喜欢的想法。我可以说一下并且听听你的想法吗？
太棒了！	凯：当然。但是我有一个测试需要完成。
让我们慢慢开始。她是否看到了跟我一样的问题呢？	谭雅：是这样子的，工程师似乎总是在冲刺结束前等待你的测试。你是否同意这是一种低效的做法，或者你有不同的看法？
很好！有 50%的把握了。她在建议我们做招聘，但是我们并没有预算。	凯：当然！这就是我为什么一直说我们需要另一个测试人员的原因。

续表

谭雅所想所感	谭雅与凯的对话
我很想解释这一点，但是我正在努力学习不要急于解释。让我们先看看她是否愿意接受另一种解决方案。	谭雅：我理解。不过我想可能有一种不需要招人就能解决问题的方法。我可以解释一下新的想法，不知道你是否感兴趣？
哇噢！我没有意识到这对凯来说是多么敏感的问题。	凯：坦白地说，没有。每个冲刺阶段结束前最后一刻，都会有一堆测试工作甩过来需要处理。我不认为任何愚蠢的新计划对此有所帮助。
凯的情绪比在制品限制更加重要。如果她愿意的话，我想跟她先谈谈她的情绪。	谭雅：听起来你对当前的工作负荷，以及工作分配方式感到很不开心。这远比当前工作负荷本身更让我感到担心。你想跟我聊聊这个话题吗？

2.8 结论时间：轮到你了

现在是时候尝试使用本章介绍的 4R 法（记录、反思、修订、角色扮演）对你的高难度对话进行分析了。这些技巧将帮助你与对话保持距离感，以便你能以另一种方式看待它。

为了学得更快，你可以考虑与其他人一起评审你的对话，他们一定会以局外人的视角来看待它。如果你非常勇敢，甚至可以考虑与对话中的另一方分享你的分析成果，从而发现他们的观点，并就“如何修订才能更有效地和他们沟通”征求他们的意见。

当你分析自己的对话时，请记住你已经知道了你所追求的结果：你想要进行你所推崇的富有成效的对话。就像我们在本章开始时向你展示的，克里斯·阿吉里斯发现我们几乎都知道哪些行为将会产生最佳的决策，即那些可以表明我们在分享信息和推断方面是透明的，并且对他人的信息和推断感到好奇的行为[①]。当我们可以运用这一行动理论时，我们可以利用我们的多样性所带来的力量。然而，当面对有价值的碰撞的挑战时，我们会本能地回避这个机会，采用防御性推断的思维以试图将威胁和尴尬降至最低。

虽然这种防御性的反应可以理解，但是对那些想要获得转型带来的好处的人而言，这完全不可接受。转型需要我们对组织的行为模式进行根本性转变。除非我们愿意接受自己是那 84%的转型失败公司的一员，否则我们就需要学会利用我们的“沟通超能力”，其中第一步就是进行**对话**转型。

① Argyris, Putnam, and McLain Smith, *Action Science: Concepts, Methods, and Skills for Research and Intervention*, 98.

第二部分

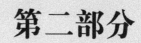

- 第 3 章　信任对话
- 第 4 章　恐惧对话
- 第 5 章　动机对话
- 第 6 章　承诺对话
- 第 7 章　当责对话

第 3 章　信任对话

建立信任是帮助你的团队摆脱泰勒主义功能工厂并建立高绩效文化的必不可少的步骤。认为员工不讲诚信的高管将无法接受**承诺**，或提供支持以实现其**承诺**。一个向他的团队隐瞒信息的技术负责人，永远也无法战胜其内心的**恐惧**。怀疑同事别有用心的开发人员或产品经理将无法提出或者认同一个有效的**动机**。

因为**建立信任**是一个在对话中取得成功的必要先决条件，所以我们在本书中从调研信任的要素开始，分析破坏信任和建立信任的对话，并就如何成功地进行**信任对话**找到答案。

学完本章，你将能够：

- 通过找到未达成一致的认知来识别低信任度的关系；
- 通过沟通脆弱性和可预测性，使对话变得透明，并为构建信任铺平道路；
- 通过使用“基于确认的沟通”（TDD for people）解锁你的好奇心来发现推断中的差异，并且将你的故事与其他人的达成一致。

3.1 信任至上

让我们从隐蔽的、不显眼的地方开始对信任进行检查。我们将在一家虚构的、陷入困境的科技初创型企业中会见一些核心员工。他们的困境多种多样，但他们都不知道的是，一个隐蔽的问题，即缺乏信任，才是他们所有的困难的根源。

两位创始人每周五都会为甘特图争吵。

“我们可以在 6 周内开始与 Facebook 的集成工作。”

“不，我们要将其推迟到 3 月初。我们应该先完成视频上传功能。”

“那么新的身份验证系统呢？”

这些几周后的事件当然都不会按照计划发生——有人生病了，有个严重的 bug 出现了，或者必须要重写某个功能。但是他们仍然在为未来争执，仿佛他们可以掌控未来一般。近期，他们想知道更好的路线图工具或者其他估算培训是否可以帮助他们更准确地预测。

技术负责人已经走投无路了。在多家公司深耕多年后，他确切地知道团队需要什么才能按时交付：良好的需求文档、准确的估算，以及更多的测试人员。他一遍又一遍详细而清楚地解释了这一点，但似乎没有取得任何进展。研发人员对他阳奉阴违，财务部门不给他任何的招聘预算，而产品经理更是对他提出了公然的反对。似乎没有人明白他对交付负责，其他人需要配合他的计划。他正在制作责任矩阵来向每个人展示他们的角色，他认为通过这种方法可以让大家齐心协力、共克时艰。

产品经理希望将错误率降下来。研发人员看起来永远都不明白如何将系统集成起来。每次冲刺，产品经理都为研发人员提供了更多、更详细的工作规格说明。由于缺陷待办事项列表持续增长，因此最近产品经理也开始编写测试计划以配合工作规格说明。然而这一切却没有其他任何实质性的效果。昨天晚上，产品经理在做另一个复杂的功能描述时工作到很晚，趴在办公桌上睡着了，梦见了一只巨大的“虫子怪”正在吃掉她的产品。在回家的列车上，她决定明天在白板上画一张用来展示各个系统组件之间联系的大型思维导图，这样每个人都可以看到每个变更所带来的影响，以及从何处开始测试。

这些团队成员遭遇的问题并不罕见。如果你曾经在软件团队工作过，你很可能遭遇过其中的一些问题。他们的预期解决方案正是敏捷教练、Scrum 研讨会以及软件供应商所推荐的那些：另一个流程、不同的工具、更多的信息流。大量的图书和课程将一步步详细地告诉他们每个人应该如何实施他们的计划。他们可以引用《敏捷软件开发宣言》和《Scrum 指南》来为他们的建议背书。实际上这些解决方案都没有什么问题，除了**它们注定要失败**。

让我们用其他方式再说一次吧。故事主角**无法**通过自己的努力来获得更好的交付或者更少的错误——挂在墙上的证书看起来很棒，短冲刺周期将会产生更加频繁的发布，更长的回顾会将会产生更多的改进项。但是，所有的这些变化都不会对重要的结果产生任何影响。

为了了解真实情况，让我们看看每个对话参与者的内心独白，也就是**他们对自己讲述的故事**[①]。

- **创始人**：“我们不懂这些技术问题，但一定有更快的办法。”
- **技术负责人**：“我知道该做什么，我只是需要其他人跟着我一

① 当然，我们是在利用我们的虚拟角色来与你分享他们内心所想。现实环境中，你需要做更多的工作来发现他人的故事，这也是本章其余大部分要讲述的内容。

起，沿着这条一目了然的路前进。”

- **产品经理**：“研发人员不可能理解整个产品。我不得不提供给他们工作中需要的数据。”
- **研发人员**（还有人记得他们吗？）：“没有人告诉我们为什么，因为没有人关心我们。我们要做的就是低头编码就好。”

通过这种想象中的读心术，我们就可以尝试明白为何这种单方面的改变计划行不通。创始人认为他们不懂技术，将一堆无用之物放进了高端的路线图制作软件，但结果只能得到糟糕的预测。产品经理没有将角色定义看作问题——她的角色职责就是对功能进行解释，在这点上她的工作成果堪称完美，所以她也不会介入技术负责人所管辖的领域中。研发人员认为自己被完全遗忘，所以产品经理的思维导图直接被他们视而不见。

由此可见，当前场景的根本的问题在于，本次对话中，团队成员内心的认知并不一致。每种认知都用合乎逻辑的方式解释了当前场景、提供了对其他人的行为的预测，并且为自己设计了解决方案。但是每种认知所表达的内容却莫衷一是。这就好像让托勒密（Ptolemy）、牛顿（Newton）和爱因斯坦（Einstein）合作建造一艘飞往火星的宇宙飞船[①]，再多的工艺创新或者巧妙的工具使用，也无法让火箭飞往正确的目的地。

我们为已经达成一致的认知起了一个名字：信任。如果我说我信任你，我的意思是我对你将做的事情抱有期望，这些事情之前已经实现过了，我相信会再次实现。当我信任你的时候，我可以使用达成共

① 托勒密是地心说的集大成者，牛顿发现了万有引力，而爱因斯坦是相对论的创造者。3 个人通过不同的方式解释这个世界。作者此处借用这 3 位是想表达：如果不能站在统一角度看问题，任何团队都无法获得成功。——译者注

识的叙述来预测你的行为以及我可能的行动，所以我们可以有效地配合。我们可以共同设计并执行相关计划，还可以向其他人解释我们的想法，从而他们也可以在想法上与我们保持一致。

我们对**信任**的定义远比通常的定义更加深刻。如果你在字典中找寻这个词，你会发现一些类似“**相信**（believe）对方是真实的、可靠的或者有能力的”的说法。这种信念当然有助于团队成员之间建立坚实的信任关系。但这远远不够。我可以相信你是真诚且可靠的，但我仍然相信你的行为和动机会阻碍我们的认知达成一致，进而损害我们的合作能力。

反之，如果我们的认知是完全统一的，你绝对不需要担心我误解或者破坏你的努力。有了统一的认知，创始人可以让研发人员参与到优先级的讨论，从而保持目标是现实可行的；技术负责人会发现他无法回答所有问题，而团队成员可以与他一起工作来更有效地改进技术架构和流程；产品经理可以将详细的规格说明替换为与充满干劲的研发人员之间的对话。

在本章剩余部分中，我们将会详细解释你应如何与你的团队合作，通过**信任对话**来统一你们的认知。我们将从帮助你变得弱势和可预测开始，然后向你展示如何使用克里斯 · 阿吉里斯的推断之梯（ladder of inference）。

作为企业级敏捷/DevOps 负责人、教练和管理者，布拉德 · 阿普尔顿（Brad Appleton）说：“第一个需要建立的，就是信任[①]！”

3.2 内尔的信任故事

我是内尔（Nell），一家小型在线零售公司的 CTO。CEO 伊恩

① Appleton, “The First thing to Build is TRUST”.

（Ian）看起来不怎么信任我。他总是在某些决定上推翻我的决策。我们最近的一次互动真的让我恼火，所以我决定分析以下对话。我先从记录开始。

阅读表 3-1 右侧栏，然后回到开头从右向左读。

表 3-1 内尔与伊恩的对话

内尔所想所感	内尔与伊恩的对话
别再这样了，能不能别管我们呢？	伊恩：我已经和我们的支付服务供应商谈过了。我们必须将他们换掉。
他们在行业中是最好的。任何替代者都会让情况更糟糕。	内尔：为什么要这么做？我们才用了他们 3 个月。我们在初期的确有过一些问题，但是所有的事情现在都已经在平稳运行。
如果财务人员像我们培训的那样输入正确的数据，收入就会被正确地归类。输入是垃圾，输出也必然是垃圾。	伊恩：平稳？不可能！他们每个月都将我们的发票弄得一团糟。财务必须要手动再处理一遍。
我们才不想仅仅因为财务人员看不懂使用手册就要影响我们的客户和整个团队。	内尔：哎呀！我曾经告诉过你，这是因为财务没有将报表设置正确。支付集成非常的可靠，客户的投诉也在日益下降，如果我们能获得正确的产品元数据……
又在滥用职权！如果你想自己决定所有的事情，为何要雇佣我呢？	伊恩：完全不可接受！财务是我们公司的命脉，如果他们不开心，我就要换掉供应商。我说完了！
第一次支付集成 3 个月后，又要再来一次。我该如何向团队解释呢？	内尔：好吧，如果你坚持如此的话。

我与伊恩的信任处于谷底。看起来他认为我是无能的，而我断定他在进行微观管理，并且通过屈从财务的方式来玩弄权术。我感觉自己陷入了困境，无法摆脱他习惯性的控制。我想通过建立信任的方式

来逃避这种痛苦的经历，但是我不知该如何下手。

3.3　准备知识：展现弱势的一面

要在信任对话中达成统一的认知，你需要做一件非常困难的事情：分享你当前的认知。这意味着向其他人暴露你的感受和想法。这么做的话，你将有被伤害的风险，这也是我们在前言部分中所说的高难度情绪工作的典型案例。

如果你事先确定你愿意主动示弱，这对你在**信任对话**中将多有裨益——你自己会习惯于这么做，他人也会认为你和那些邀请别人分享想法的人一样非常平易近人。

为了克服“保护”自己的想法的本能，试着让自己脱口而出一些“不安全”的东西。比如问一些听起来“很愚蠢”的问题，或者分享你对自己如何得出特定结论的疑惑。如果你对自己知道的事情和不知道的事情保持透明，你就会变得弱势，因为你可能不会像你所希望的那样理性且博学。相比之下，如果你尝试让自己感觉到安全和避免脆弱，比如通过假装知道一些没有听说过的事情，你通常就会提供虚假信息，从而让你的认知看起来更加离谱。一旦这种行为被戳穿，对你的对话伙伴而言，这意味着你对自己不诚实。这也证明了你的认知的不一致，并且让他们降低对你的信任。

在 *Rising Strong: How the Ability to Reset Transforms the Way We Live, Love, Parent, and Lead* 中，布勒内 · 布朗在分享内部推断时，用了这个短语“我对自己说……”[①]，并且还给出了下面的几个示例。

---

① Brown, *Rising Strong: How the Ability to Reset Transforms the Way We Live, Love, Parent, and Lead*, 86.

“我对自己说，这里没有人关心清洗餐具，所以办公室的厨房总是臭气熏天。”

“我对自己说，我们的用户都是吝啬鬼，他们想要最便宜的选项。”

“我对自己说，你不想在这个项目上工作，因为这个项目很无趣。”

这个短语帮助你保持在“学习型思维”的状态上，因为这明确地告诉自己和其他人，你的推断基于有限的证据，它们可能是错误的。这是丹尼尔·卡尼曼在《思考，快与慢》中描述的“所见即真理”这一本能观点的有效解药，它提醒你有很多东西是你看不见的。它也有助于在听众中建立共鸣，因为他/她可以理解你的想法的来源而不会因你的叙述而感到威胁。

这些陌生的技术可能起初看起来很尴尬，但是随着你的练习，在分享你的内在推断的同时，你也会逐渐不依赖于这些技术，进而让人感觉很自然。在本章的对话案例中，你将看到这种行为的几个示例。

3.4 准备知识：具有可预测性

单纯的示弱还不够。如果你要将你的想法与其他人的保持一致，你还需要向他们证明你的想法是可预测的，并与你的行动相匹配。

与之相反的行为随处可见，它们通常以“无意识的虚伪”的形式出现：节食者一边吃着汉堡一边讨论他们最新的减肥计划；出租车司机一边抱怨其他司机太差劲，一边闯着黄灯或者猛踩刹车；墙上的海报写着“我们尊重我们的员工”，而老板却站在海报下呵斥下属。

在你认为这种行为只会发生在他人身上时，我们建议你思考一下自己的理论和行动。如果你是活生生的人，我们确信你在生活中会有言行不一的情况出现。

为**信任对话**做好准备意味着尽可能克服人类的这种自然倾向，并调整自己的行为和见解以展示其可预测性。当你最终不幸失败了，你也应该承认错误，并寻求其他人的帮助，以期在未来更好地对自己的行为进行调整。

知行合一是非常困难的。但即便你真的知行合一，也可能需要去做很多事让别人相信你的行为是可预测的。

比利（Billy），一个我们几年前认识的程序员，他坚信老板是来压迫自己的——他们会给自己不可能完成的任务以及不切实际的最后期限。任何新的举措都是那些惹人厌烦的经理们鬼鬼祟祟的把戏。当他的团队召开第一次敏捷计划会时，他展示了这一理论。这场会议的目的是对可能工作项进行分类，并且选出那些可能有意义的工作项来进行第一次冲刺。当 10 项潜在的功能出现在看板上时，还没等团队开始在高层级对故事进行估算，比利就大声控诉这次会议是压死骆驼的最后一根稻草，他决定退出。经理不解地把比利拉到一旁，询问发生了什么事。“没有人可以在一次冲刺中做完这 10 个功能项！”比利大声叫嚷，“你就是想累死我们，然后用外包人员来替代我们。”

比利对管理层的负面想法如此地根深蒂固，导致他完全不听经理在计划会开始时所做的解释，即团队只需要将可以在当前冲刺内完成的用户故事放入冲刺计划即可。有更多的证据表明，比利可以依靠他的经理来关注团队的需要，而这些证据都是以计划会本身或者正在引入的敏捷实践形式来呈现的。但比利无法将这些证据与自己的想法相融合并形成一致意见。

在与比利进行的**信任对话**中我们了解到，他的想法在工作负荷严重超标的推动下得到强化，其中包括那些高管经常从看板上将之擦除，并用自己的估算代替团队的估算。（他们会说："我肯定我们可以在周五前完成这 10 个故事点。"）那些宣称尊重团队需求的领导，只有在经过若干次的重复练习并真的贯彻了这种尊重后，才能与比利建立信任，并形成另一个共识。

我们发现我们可以在不直接涉及信任对话中主要问题的情况下，通过"小步快跑"且高度可视化的步骤来建立初步的可预测性。比利的程序员团队，总是会受到非技术人员的干扰，比如反复要求他们修复打印机或者互联网连接。他的经理会表示这种要求日后不再受理。当没有办法快速找到外包人员处理此项事务时，经理就自己趴在地上寻找网线并重置路由器。这很明确地向比利以及他的同事传递了一个信息，即当经理做出了承诺时，他就会坚守该承诺。这种做法有助于在可预测性方面建立好的声誉，这种可预测性对于在其他领域建立信任非常有用。

3.5 对话：基于确认的沟通

肯特·贝克说测试驱动开发（test-driven development，TDD，一种写代码的同时编写测试的实践），给了他一种"舒适感和亲密感"[①]。我们希望你在信任对话中也能有完全相同的感受。帮助你达成该目的的工具是来自克里斯·阿吉里斯和他的同事的另一个概念，即推断之梯[②]，详见图 3-1。

通过观察该梯子可以看到，它描述了一个连贯的想法：从数据中你得到了意义；意义给了你假设、结论和信念；而假设、结论和信念

① Beck, *Test-Driven Development: By Example*, xvi.
② Argyris, Putnam, and McLain Smith, *Action Science: Concepts, Methods, and Skills for Research and Intervention*, 57.

又决定了你的行动。**信任对话**的目的就是将你的想法与你的对话伙伴的达成一致：先从底层的梯级，然后是第二梯级，依此类推，最终你们的想法完全一致。

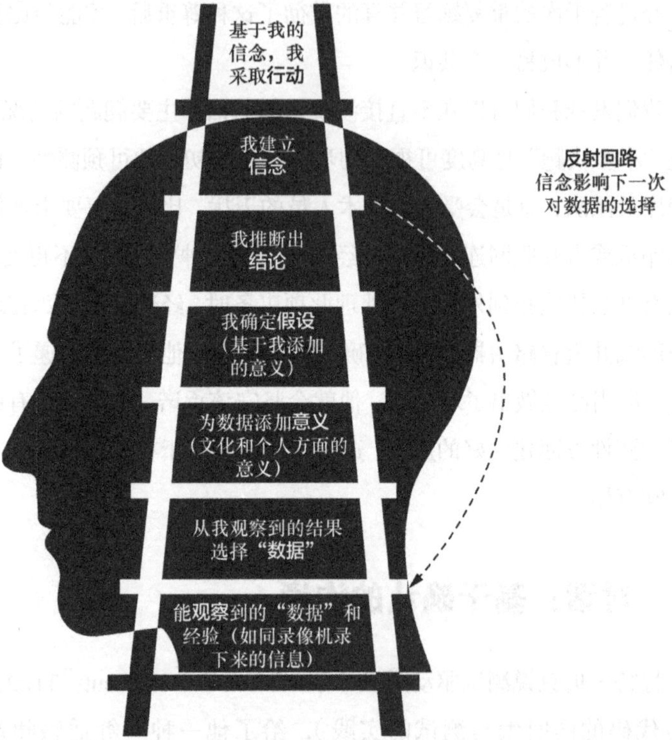

图片来源：改编自彼得·圣吉（Peter Senge）的《第五项修炼》

图 3-1 推断之梯

如果双方的梯子都是可见的，那么达成一致将比较简单。但如你所见，只有底层的梯级（观察到的事物）和最上层的梯级（采取的行动）会暴露在你的脑海之外并被别人看见，其他的梯级都是不可见的。此时就需要基于确认的沟通上场了。就像阿吉里斯、帕特南和麦克莱恩·史密斯说的那样：

应该清楚认知的是，随着推断之梯越来越高，不同观察者的解释之间出现差异的可能性也越来越大。因此一些基本规则是：从推断之梯的最下层开始，在上一层梯级上陈述其含义并检查其含义是否与之前的梯级一致。只有当与较低梯级的含义达成一致后，才能开始上一层梯级。这些规则不仅适用于行为科学家，也适用于日常生活中的每个人处理重要和威胁性问题的场景①。

当你用 TDD 编写代码时，你会以缓慢的、自信的小步向前迈进。同样，当你使用推断之梯时，你也将一步一个脚印地向上攀登，每一步都会增加你的信心。在每一步中，你都要向你的伙伴提出真诚的问题，询问其在当前梯级的想法。如果有需要，你也要解释自己的想法（我们在第 2 章介绍了“真诚的问题”）。这将在推断之梯上逐级地展示双方的想法，因此你可以理解你们的不同之处所在。当你的测试失败时，也就是当你不理解你得到的答案，或者对之感到惊讶时，这里就暴露了双方理解的不一致。此时你需要停下来，重构你的理解，并且重新测试。最终，对话双方将完全理解对方的想法。即使你们仍然没有完全达成一致，你们至少也能理解彼此的动机。结果自然是你们将会为未来建立起充分的信任。

让我们再看一个案例。假设你的团队正在开发一套价格调整系统，你发现新加入的成员海伦（Helen），抱怨价格算法太复杂以至于无法维护，但是包括你在内的其他人却持相反意见。你相信这里出现了一个影响信任的认知不一致，因为海伦的抱怨已经影响到了团队士

---

① Argyris, Putnam, and McLain Smith, *Action Science: Concepts, Methods, and Skills for Research and Intervention*, 58.

气，并且她抵制所有改善代码的建议。你开始怀疑她，甚至其他人也会开始抵制升级定价部分代码，除非整个价格子系统被重写。然而你却不认为当前公司可以承担该成本。

梯级 1：可观察的数据。“海伦，我听说你在站会中说定价部分代码被过度设计了。我理解的对吗？”

“是的，每个人都可以发现那些代码晦涩难懂。”

你已经为对话奠定了基础：海伦看到了一个复杂性问题。你的测试通过了，你可以进行下一步了。

梯级 2：数据选择。“明白了。对我而言，任何复杂代码最重要的部分就是它们的架构，也就是它们是如何被拆分成块的，因为它们是最难被改变的。这也是你最关心的领域吗？”

“当然！我的意思是，备注和变量名很糟糕，但是随着时间的推移，我们可以通过重构来改善这些问题。但是我不知道有任何新人可以像我们这样对代码见微知著。”

在听了你的想法后，海伦对你的看法表示赞同。再次通过测试。（注意：我们并非一定要就“架构在客观上是复杂的”这点与海伦达成一致，因为那只是海伦自己观察到的而已。）

梯级 3：赋予意义。“好的。对我来说，这意味着你将很难在系统中添加新的价格。我的理解对吗？”

“当然！这就是为何我要求被重新安排到编辑页面设计工作的原因。”

你们的想法继续保持匹配，海伦同意感知复杂度[①]是她的工作的阻碍。测试通过，继续！

梯级 4：假设。“所以你就假设定价算法对你来说太难了，对吗？”

① 英文为 perceived complexity，指的是某项创新难以被理解和使用的程度。——译者注

"当然。但是这不仅仅是对我而言，拉莫娜（Ramona）也说弄不明白。"

一个新的事实：海伦并不是唯一评估代码的人。但是这依然是一个通过的测试，你们的想法继续匹配。你可能开始想知道不匹配之处在哪里，或者真的有不匹配的地方吗？

梯级 5：结论。"我猜你认为我们已经准备好重写代码了。"

"什么？不不不！那只是浪费时间罢了。你和其他专家可以继续开发它，而我们这些新人关注在用户界面就行了。"

测试失败！不一致出现了。你认为海伦想要的是昂贵的改造，但是她的建议是只让经验丰富的团队成员工作在复杂算法上，等到有时间再来重构它。

梯级 5：再次得出结论。"啊，我不是很明白你的想法。你的结论是价格算法的复杂度导致像你这样的新人无法在当前代码上工作，是吧？"

"当然，我一直在这么说。我们只是经验不足从而无法安全地对代码进行变更。"

现在我们再次通过了测试。我们理解了海伦的想法，即使我们并不赞同其导致的行动。带着新的理解，让我们进入下一个梯级。

梯级 6：看法。"因此听起来你认为禁止新团队成员执行某些任务是一个好的主意。但是我有一个不同的看法，那就是我们应该提升每个人的技能，直到他们可以从事任何功能的开发。每个人都在学习，并且我们可以从每个研发人员处获得最大收益。对此你怎么看？"

"我认为我们应该坚持做简单一些的事情。但如果预算支持，我可以支持培训这个想法。"

这里我们又实时达成了一致。现在你们的结论相匹配，这就很容易让海伦的看法与你达成一致。又一次通过了测试。

梯级 7：行动。“太好了。我会去预约我们的价格专家玛丽亚（Maria）的时间，请她下周在定价算法上对你和拉莫娜进行培训，你看这样可以吗？”

“当然！之前我不知道这也是一种选择。我愿意尝试一下。”

我们达成了海伦认可的行动，这要归功于我们统一了双方的想法。更棒的是，海伦可以将我们共同的想法应用到其他可能充满挑战的领域中，以寻求培训或者帮助她提升技能，而不是抱怨自己在工作上无能为力。换言之，我们已经与海伦建立了信任。

为基于确认的沟通评分

要用基于确认的沟通来为对话评分，为你记录下的对话中的陈述和问题（无论其在哪一栏）都标注上其所对应的梯级。如果你从推断之梯的底部开始，从数据、选择和意义开始，随着对话的进行，上升到假设、结论和信念，那么你就在正确地使用该梯子。但如果你花了大部分的时间在梯子的顶部，请考虑如何有意识地让自己回归到较低的梯级上，再继续前进。

现在让我们回到内尔的对话中，来看看她是否可以利用基于确认的沟通想出一个更加真诚的对话。

3.6 内尔的信任故事（续）

我开始为我的对话进行基础的评分。我发现了一个不真诚的问题。我的问题只是为了让伊恩改变他的想法。而这个单边的、I 型系统并没有生效。我只分享了左侧栏的一两件事情。中途那句“哎呀”就是一个非常明显的掩饰，表示我已经在沮丧中放弃了沟通。

然后我用基于确认的沟通为对话评分，结果更糟糕。我基本上将所有时间都花在了结论或者更高的梯级，仅仅是为了支持我的观点而去查看了低梯级。这里我没有表现出任何的透明度或者好奇心。

最终，我决定了下次沟通要采取的一些修订行动。我准备强迫自己先去询问关于前4个梯级的内容，然后再向梯子的更高层前进。我还将尝试更多地分享我的推断，并注意到我在什么时候会开始感到沮丧。我尝试与我的朋友进行角色扮演，他是一名也与伊恩有过冲突的销售总监。这将会让我们两人在运用推断之梯时可以相互练习。

修订后的对话

伊恩建议我们接受 Blaze 公司作为我们的支付服务供应商。在我以难以合作为由拒绝后，他依然与他们的团队成员安排了一场会议。我为他对我的不信任以及再一次推翻我的决定而倍感愤怒，但是我也想通过使用那些我在对话分析中所学会的技术来理解他这么做的原因。

先阅读表3-2右侧栏，然后回到开头从右向左读。

表3-2　修订后的内尔与伊恩的对话

内尔所思所想	内尔与伊恩的对话
让我们先把事实弄清楚，先从梯子的底部开始。	内尔：我看到 Blaze 公司的团队周三要来，对吗？
简直是浪费时间！他们的资料简直一塌糊涂。等等！我太快了并且已经开始感到沮丧了，这不对。我应该聚焦在下一个梯级。	伊恩：是的。我想我们还是应该亲眼看看他们的系统。

续表

内尔所思所想	内尔与伊恩的对话
好的，他的确邀请了他们。让我们在分享这对我的意义的同时，看看这意味着什么。	内尔：这意味着他们还是有希望成为我们的服务供应商，对吗？
至少他阅读了我的报告。	伊恩：不完全是。他们现在的用户不是反馈给你 Blaze 的支持毫无用处吗？
简直莫名其妙，他在搞什么？	内尔：是的，但是我现在很困惑。如果我已经否决了他们，为什么还要约他们来呢？
我从没听说过使用服务供应商作为练习对象。能这样做吗？	伊恩：哦，我只是想对接下来的几个候选公司有一个可靠的筛选过程，我想我们可以用 Blaze 来练手。
嗯哼，那不是我所担忧的。他的意思和我想的不一样。	内尔：明白了，这就是一个演练。
这对我的团队绝对是利好。团队中的一些人从来没做过软件选型的工作。	伊恩：完全正确。其他的服务供应商无法亲临现场，我认为在我们的团队与他们进行电话沟通之前，让我们的团队先试试与在场的人进行一些提问会更加简单。
Blaze 对此的感受会是如何？	内尔：有道理，不过这似乎对服务供应商不太公平。
	伊恩：可能吧。但是他们的代表也有机会在拜访期间让我们感到惊艳。如果他们做到了，我会感到非常惊喜。
伊恩澄清了想法后，我感觉好多了。毕竟他没有否决我的决定。	内尔：我也一样。

哇噢，这完全改变了我的想法！在我意识到这一点之前，我只是在推断之梯上走了一小段路，到了“赋予意义”梯级。现在我开始相信“伊恩会听取我的建议，希望我的团队能够学会如何更好地选择服务供应商”，而不是一开始我所认为的“伊恩不会广开言路，只会率性而为”。

如果我们持续确认这个相同的认知，就会让我在未来更容易相信伊恩，也使我们能够共同设计解决方案来解决服务供应商管理[①]问题。

3.7 信任对话案例

让我们深入一些，看看更多的信任对话案例。

3.7.1 乌尔苏拉与开发团队：解释推断

乌尔苏拉（Ursula）说："作为初创型公司的创始人，我已经初步决定雇佣一名新的 CTO，尽管他与开发团队中的大多数人进行了灾难性的现场面试。我想向团队成员——阿尔（Al）、贝齐（Betsy）和卡洛斯（Carlos）——解释一下我的想法，并回答那些我能预见的、源于不开心的工程师的尖锐问题。"

3.7.2 乌尔苏拉与研发人员的对话

先阅读表 3-3 右侧栏，然后回到开头从右向左读。

表 3-3 乌尔苏拉与研发人员的对话

乌尔苏拉所想所感	乌尔苏拉与研发人员的对话
最好在开始就将一切都说出来。	乌尔苏拉：我已经决定雇佣泽布（Zeb）作为我们的新 CTO。我知道这并非人心所向，但是我想要解释为何我做了这个决定。

① 又称为合作伙伴关系管理（partner relationship management），是一种经营战略，用于改善公司和他们的渠道合作伙伴之间的通信。它是 CRM（顾客关系管理）系统的销售、营销、客户服务以及其他企业业务功能向合作伙伴的延伸，它可以促进更具合作性的渠道伙伴关系。——译者注

续表

乌尔苏拉所想所感	乌尔苏拉与研发人员的对话
哎呀，阿尔不擅长社交。但是如果他对泽布的判断是正确的怎么办？	阿尔：你疯了！他说我们的主要产品是垃圾，必须要重新构建。
直面无法逃避的事实。	乌尔苏拉：我知道泽布在面试时的表现非常糟糕。你们是否愿意听一下为何在这种情况下，我依然做出这个决定呢？
与我料想的一样，一群持怀疑态度的人。	贝齐：可以，但这个理由最好能说服我们。
让我们从可观察的数据开始。我是否遗漏了什么事情？	乌尔苏拉：很好。我认为泽布非常有经验且性格固执。你们是否认同这一点？
很高兴泽布的技能通过了考验。	卡洛斯：当然，他对自己的事情了如指掌。
我们真的需要专家。大多数团队中的人过去从来没有构建过像我们的产品这样的东西。	乌尔苏拉：而对我而言，那意味着他有很多东西可以带给像我们这样没有经验的团队。
非常好的问题。	贝齐：是的。但如果他一直都如此性情古怪的话，他如何能教导我们呢？
我肯定我可以让泽布软化他的态度，但是我想知道我怎样才能让团队跟我一样有信心呢？	乌尔苏拉：我的假设是，如果我可以对他进行一对一的辅导的话，他可以学会如何去建立良好关系并管理好团队。你们认为这是否可行？
毫不意外阿尔持反对意见。他之前首当其冲地受到了泽布的批判。	阿尔：你是一个很好的教练，乌苏尔。但即使是你亲自辅导，泽布也是无可救药的。
我们能否在这里达成一致意见呢？	乌尔苏拉：我尊重你的观点，阿尔。但是我曾经辅导过许多不同的人，而我在泽布身上看到了巨大的学习的潜能。你是否愿意让我尽力一试呢？

续表

乌尔苏拉所想所感	乌尔苏拉与研发人员的对话
很高兴阿尔愿意给我一次机会去尝试。	阿尔：如果你成功的话，我会感到非常惊讶。但是没关系，你可以尝试一下。
其他人怎么想呢？	乌尔苏拉：当然，你的想法也有可能被证明是对的，阿尔。其他人怎么想的呢？如果我经常给泽布一些个人的指导，你们是否会同意我的结论，即泽布是值得一试的？我会将他的试用期拉长到 3 个月，这样我们每个人都可以看看他的表现到底如何。
搞定！	卡洛斯：当然。 贝齐：我同意试一下。
既然我们有了共同的推断，那就让我们继续前行吧！	乌尔苏拉：太好了，谢谢你们。我的想法是我们可以很快发现泽布是否适合我们。我将每隔几周就来询问你们的感觉如何，好吗？

乌尔苏拉本可以将自己的意愿强加在团队之上，单方面宣布泽布的入职日期。但她没有这么做，而是与团队分享了她的推断，并在一定程度上与团队达成了共识。虽然不是每个人都完全同意，特别是阿尔的期望与乌尔苏拉依然存在分歧。但这种分歧已经可以拿出来讨论，并且团队都知道乌尔苏拉将对泽布的辅导进度负责。

3.7.3　艾萨克和埃琳：对反馈感到惊讶

艾萨克（Isaac）说："埃琳（Erin）负责运维，而我是一名研发人员。我们经常开发一些让她的团队更轻松的功能，因此我们之间有很多的交谈。她四处寻求反馈，并将其作为实现自我提升的'个人回顾'的一部分，因此我向她提供了我的反馈。但是，对话却没有按照我的预期进行。”

先阅读表 3-4 右侧栏，然后回到开头从右向左读。

表 3-4 艾萨克与埃琳的对话

艾萨克所想所感	艾萨克与埃琳的对话
我想帮忙。她需要知道接近她有多困难。	埃琳：谢谢你给予我反馈，艾萨克。我应该在哪方面改进呢？
我要说得委婉一些。实际上我们大多数人甚至不再试图向你询问更多的细节。	艾萨克：嗯，你可以帮助你的团队归档更清晰的缺陷和功能需求。正如你可能知道的，我们中的一些人会避免要求你澄清功能，因为你可能有点儿令人胆怯。
哇噢，为何如此大反应？她不是说想要反馈么，这种反应她是期望得到什么呢？	埃琳：令人胆怯？这种说法哪儿来的？
果然如传闻中那样令人胆怯啊。我还是从推断之梯的底部开始吧。	艾萨克：我注意到你的脸色发红，说话声音也大了。对吗？
至少我不是唯一看到这种反应模式的人。	埃琳：当然是这样。我一直听说我很“可怕”，但是我已经尽心竭力让自己平易近人，并努力获取他们的反馈。
好吧，与其猜测，不如确切地找出她的反应背后的意思。	艾萨克：听起来这对你产生了困扰，对吗？你是怎么感觉的呢？
她为何会不知道她是如何把别人吓跑的呢？	埃琳：沮丧和恼怒，因为我无法摆脱这种污名。这与我想要的和自我观察的结果截然相反。有没有一个真实的案例表明我吓到了别人？
当前对话就是一个绝佳的例子。	艾萨克：好吧，我现在就觉得有点儿被你的反应吓到了。
嗯，我确实无法再举出另一个例子。这意味着什么呢？	埃琳：可以这么说。我对此感到抱歉。这种反馈难得听到。但是当别人要我澄清错误报告时，我的反应不是这样的。

续表

艾萨克所想所感	艾萨克与埃琳的对话
之前我还真的没有深层次想过这个问题，但是我们的确从未直接问过埃琳，总是玛丽亚过来让我们走开。	艾萨克：实际上你是对的。仔细想想，通常你们团队中的玛丽亚对澄清各种报告的反应最为不屑一顾。
好问题。	埃琳：所以为何你将我视为令人胆怯的人呢？
她确实把责任推给了埃琳。	艾萨克：我猜，是因为她说你告诉她，不要花时间帮助我们。
这非常有帮助。	埃琳：我想我们可能发现了问题，我没有向玛丽亚和团队其他人说清楚我的意图。谢谢你和我一起思考这件事。

信任对话并不总是可以被计划的。本例中，信任对话在艾萨克没有预料到的时候悄悄到来。对于埃琳的情绪爆发，我们很容易做出类似的反应，比如“你又来了，总是对想帮助你的人大发雷霆”。但这种做法会直接跳到推断之梯的顶端，也不会建立起任何信任。相反，艾萨克设法保持在底层（数据、选择和意义），并且在反思后发现他自己的感知和反馈并没有他所预想的那般准确。埃琳和艾萨克就错误报表有了共同的认知，埃琳希望可以积极响应，这将有助于他们以更深的信任度进行合作。

3.8　案例学习：信任拯救一切

3.8.1　高墙

“我只想让研发人员开心。”保罗·乔伊斯，仪表盘软件开发商 Geckoboard 创始人如是说，“生产力和利润可以往后放一放。现在，我只想让他们享受自己的工作。”我（斯奎勒尔）边听边点头，思考着是什么让这位工程师如此意志消沉。

仅在现场一天，我就清楚地意识到一些问题存在于 Geckoboard 的 10 人小型技术团队中。在宽敞的技术室里，杂乱无章地摆放着棋盘游戏和一些 Ruby 编程语言的图书；每天有 4 场站会，但每个人都没有什么可报告的。回顾会也枯燥乏味，毫无成效。会议拖了几个小时，没有活力，也没有产出。大家对技术或者流程的异议，要么从不表达，要么就是间接表达。太多项目同步进行，几乎和研发人员数量一样多，但没有任何项目有迹象表明短期内会结束。充满讽刺意味的是，公司自己的一个挂在技术室的仪表盘显示了一个巨大的图表，显示该公司的收入一直保持不变，迄今为止没有哪一个月的目标是被完成的。

不出意外地，该公司其他部门也遭遇了类似的困境，他们的办公桌拥挤在位于伦敦的办公室的另一个小房间内。客服团队试图积极地讨论某产品，但是却无法告诉客户何时可以修复错误。市场和销售团队想要新的功能来吸引人们的兴趣，但是却没有任何可供大力宣传的内容。保罗自己也感受到了失望和孤立无援，看不到任何让组织摆脱困境的方法。实际上眼前唯一让人感到愉快的就是办公室的狗——怀特先生（Mr. White）。它用叫声宣布有人来访，并追着玩具在走廊上跑来跑去。

当我看着怀特先生跑来跑去的时候，我发现了一件奇怪的事情：只有它在两个房间之间来回走动，**其他人都不这么做**。因为墙的存在，两个开发组在物理世界和心灵世界都相互隔离了。当他们到达公司的时候，他们很少互相打招呼；随着时间的推移，他们也几乎不说其他的任何事情。与怀特先生不同，他们只待在自己的房间中，很少涉足其他团队的领地。我想知道是什么导致了这种情况，以及为何他们不能相互合作。

3.8.2　交付与参与

第一步，我决定去展示可预测的进度。我们在一起开站会，并将项目关闭到只剩下一个。该项目的目的是与流行的产品集成，它似乎有可能让客户感到兴奋且愿意支付更多费用。通过在这个项目上的增量交付，研发团队产生了干劲和兴趣，生产力和心态也随之提升。天生的领袖利奥也在这个过程中脱颖而出，并为团队移除障碍和提升效率做出贡献。信任也开始逐渐在研发人员和产品经理之间产生。虽然他们对最初的承诺毫无信心，但最终那些可预测的小批次交付增加了他们对彼此的信任。

尽管如此，唯一经常在两个房间往返的依然只有怀特先生。工程师们向我描述了他们对其他部门的负面想法：“没有人关心修复错误”“他们没有告诉我下一步的销售情况”“保罗不关心员工”。保罗告诉我，他感觉自己被孤立、被夺权、被排除在外，即使研发人员已经开始交付更多功能。这些迹象都表示我们还有更多的事情要做。

首先，我们创造了互动的机会，为销售人员举办了成果展示会，并邀请后勤保障人员参与成果回顾。最重要的是，我们将保罗带到了站会中，在那里保罗可以分享他被孤立的感觉以及对停滞不前的财务指标的崩溃感，以此来部分展示他的弱势。我还为大家主持了一个关于基于确认的沟通的简短会议，希望这件工具可以帮助两个部门分享想法并增加信任。

3.8.3　信任对话

当利奥和保罗坐下来进行信任对话时，关键的突破出现了。作为准备工作，利奥和我为此还做了一次角色扮演的练习。他知道“两名关键员工突然离职”对他而言是最大的信任障碍，他希望由此开始对话。通过询问类似“什么时候你决定他们必须要离开？”“他们做错了什么？”以及“他们的离开对你来说意味着什么？”的问题，利奥分享了他的观点，即保罗在解雇这两个人方面轻率了。与此同时利奥也了解到保罗在做出该决定时经过了多个不眠之夜，其背地里的协商和讨论也远超利奥所想。

在对话结束前，利奥开始相信保罗的行动比自己之前所想的要更具同理心和考量。保罗也终于明白为何有部分团队成员离开他，并且拒绝了他试图激励和带领大家前进的行为。因为在他们眼中，保罗是一个“喜怒无常”且随时会突发奇想的人。

3.8.4　破墙而出的信任

毫不谦虚地说，利奥和保罗之间的信任对话，是整个组织的关系改善和绩效表现的转折点。在利奥的支持下，保罗可以与研发人员更紧密地接触，然后将其他非技术人员带到演示和设计会中，以实现团队间成功的互动。无论是一名工程师，还是一群工程师，都可以就之前的决定询问保罗，从而相信保罗与其他业务人员并非任性行事。随着时间的推移，双方更进一步的合作使得他们做出了更好的产品决策、客户满意度更高。

4 年后的今天，利奥已经是工程副总裁，并且基于互相信任的关系与保罗密切合作。员工们经常使用推断之梯，研发人员与非研发人员之间的合作更是随时可见。一些后勤保障人员甚至学会了编写代码并成立了自己的研发团队。客户参与度提高了，收入也在节节高涨。

哦，对了，后来 Geckoboard 也搬去了一个新的办公室，只是那里没有了“高墙”。

3.9 结论时间：应用信任对话

在本章中，你学到了内在想法的重要性、如何向其他人表示你愿意改变自己的想法（可以通过示弱、提供可预测性等方式实现），以及“基于确认的沟通”技术，该技术可以使你的想法与他人的想法达成一致从而产生信任。一致的想法让我们能安心地接受成功的对话转型所需的透明度和好奇心。你可以通过多种方式应用**信任对话**。

- 作为**高管**，你可以用它与员工建立信任关系，并且让各方确信，即使在没有微观管理和持续监督的情况下，文化转型也正在向着正确的方向发展。
- 作为**团队负责人**，你可以用它让团队就愿景达成一致，并以此消除徒劳无功的内耗和争论，以通过合作来达到冲刺目标和产品目标。
- 作为**团队成员**，你可以用它与同事之间增进信任以实现更有效的合作，从而可以通过代码评审、估算和结对任务等合作行动来获取和给予更多帮助。

第 4 章　恐惧对话

我们从未见过成功的敏捷（或精益、DevOps）团队内部会充满恐惧。恐惧是转型最大的障碍。一个组织可能饱受恐惧带来的痛苦，比如恐惧错误、恐惧失败、恐惧制造错误的产品、恐惧让管理者失望、恐惧暴露糟糕的领导力，以及任何对其他灾难的恐惧。无论在恐惧什么，恐惧都会让团队瘫痪、抑制创造力与合作。一个顺从的、充满恐惧的团队可以很好地融入泰勒主义功能工厂，因为在那里不需要任何思考。但是在一个充满合作、高绩效的文化环境工作，你需要的不仅仅是第 3 章所构建的**信任**，还需要本章即将为你构建的**心理安全**。

因此，我们继续讲述我们的指导方法，这些方法将帮助你发现自己的恐惧，找到并理解他人的恐惧，并引导**恐惧对话**以缓解各方的情绪。你将发现，不论你是抵触一切跨职能组织形式的组织的 CTO，还是渴望帮助团队鼓起勇气尝试新的消息传递模式的架构师，或者是担心提出一个可能不受欢迎的用户体验的设计师，你都可以从这些技术中获益。本章中，你将学会如何将你和你的团队的恐惧**透明化**，以及如何减轻这些恐惧以保持**好奇**。

当你掌握了这些技术，你将可以完成下述工作。

- 识别出你的团队中那些不安全但是已经被接受为“我们在这里的工作方式”的做法和习惯。这种**异常行为合理化**（normalization of deviance）表明有隐藏的恐惧需要被发现和解决。
- 通过**惯性思维破坏**（coherence busting）技术来克服你本能地、毫不费力地妄下结论的倾向。你的大脑毫无疑义地接受相互关联的想法，几乎一定会屏蔽你对事物的其他看法，包括可以影响到部分或者整个团队的正当恐惧。
- 通过使用前两种技术，共同创建一张**恐惧**图表来揭示团队的恐惧，以发现需要考虑对其进行处理的恐惧。当然，更重要的是，如何借助恐惧图表来有效地缓解这些恐惧。

4.1　恐惧：与生俱来的品质

想象一下，我们有两位前农业时代的祖先——奥格（Og）和乌格（Ug），他们靠从灌木丛中采集到的浆果以及使用棍、石捕猎到的动物为生。这两位祖先共同出去捕猎野兔，当他们走进树林中的空地时，他们愣住了。在高高的杂草边有一个比野兔更大的身影一闪而过并且将杂草分开，两人都听到了虽然微弱但是愈发清晰的声音，而声音听起来是巨大的脚掌踩在泥土上所发出的。

奥格的想法是，**我想知道那是什么大型动物，也许是一只鹿，那将足够整个部落吃一顿了**。在满满好奇心的驱使下，奥格将手中的石头高高举起，勇敢地冲向了未知的野兽。

乌格的想法是，**噢不，那是一只大型动物！可能是一只饥肠辘辘的黑熊，我们不要跟它正面冲突**。乌格在惊恐万分情况下，摇摇晃晃地爬上了最近那棵树。

当然你可以自己将故事的剩余部分补完。重点是，我们都是祖先的后代。如果你面对新鲜事物和未知数据时，你的默认行为就是好奇心满满并向前一探究竟的话，你有很大概率会英年早逝。相反，如果你的默认行为是恐惧，你很可能会有很多后代，并将你本能的恐惧传递给他们。

然而问题来了，乌格的这种行为在现代社会中已经不再适用，因为现代社会中鹿（学习的机会）已经远远多于熊（灾难性的试验结果）。当你的团队遭遇客户对新版本的反对，或者源于市场部门的意外需求时，团队很可能做出类似于乌格的行为，即延迟发布或者拒绝新功能开发要求。我们可能没有那么多勇敢的奥格，他们会本能地找到一种方法将软件发布出来，或者将用户故事插入当前冲刺中。因此我们失去了学习的机会，却还在想为何我们的团队没有按照我们认为理所应当的方式进行迭代和持续改进。

在埃米·埃德蒙森（Amy Emondson）的 *Teaming: How Organizations Learn, Innovate, and Compete in the Knowledge Economy* 一书中，埃德蒙森将奥格的行为称为“心理安全”。拥有这种特质的团队将会具有“开放的氛围”，可以随时随地讨论问题，并尝试用试验性方法解决这些问题。比如她发现，尽管你认为报告最少错误的护理组表现最好，但事实截然相反；那些报告更多错误的护理组得到了更多的学习机会，因此也得到了更好的结果①。肯特·贝克在《解析极限编程——拥抱变化》中也劝诫敏捷团队要“重视勇气”，采用不断重构和持续反馈的方法进行软件开发工作②。你可能还记得第 1 章的内容，阿尔斯

---

① Edmondson, *Teaming: How Organizations Learn, Innovate, and Compete in the Knowledge Economy*, Chapter 4.

② Beck, *Extreme Programming Explained: Embrace Change*, 33.

帕和哈蒙德竭力主张 DevOps 从业者勇敢地接受“失败总是会发生”这一事实[①]。

恐惧对话将会帮助你在团队中营造心理安全感和勇气氛围，因为它会通过揭示恐惧使其得以减轻。高难度情绪工作源自分享你自己和对话伙伴的恐惧，这需要诚实和勇于示弱。除此之外的困难之处还在于如何揭示信息，以帮助你们双方降低可能让你们感到害怕的风险[②]。

与我们共事多年的团队，在多年的历史代码重压下苦苦支撑：一些看不懂的模块执行着至关重要却无人知晓的功能；代码紧耦合导致完全无法进行人工测试，单元测试更是完全不存在；按钮被标上“请勿按此按钮”的标签。一位研发人员无意间打开了一个网页，想看看它的用途，结果它运行了一个隐蔽脚本，将网站上很多产品的价格降为了千分之一。

不难理解，当前环境将团队心中的“乌格”释放了出来，整个团队因恐惧瘫痪，生怕任何微小的变化都可能引发灾难性的后果，担心因为引入错误代码而被责备。他们拒绝频繁提交、发布代码，宁愿每次发布的内容都是“巨无霸”，也不愿意进行小批次的频繁交付。“请求宽恕而非获得许可”（Ask for forgiveness, not permission）[③]这句习语被置若罔闻，项目进展充其量不过是冰山一角，极不透明。

恐惧对话告诉我们，研发人员相信一旦他们的行为导致了不

① Allspaw and Hammond, “10+ Deploys per Day: Dev and Ops Cooperation at Flickr”.

② 当然，成功的恐惧对话的先决条件是信任。如果没有信任，你的团队就不会愿意讨论恐惧。如果你的团队缺少构成信任的一致想法，请参阅第 3 章。

③ 这句话来自计算机科学家格雷丝·默里·霍珀（Grace Murray Hopper），这是她在未经高层允许开发编译器时所说的。原文是“It’s always easier to ask forgiveness than it is to get permission”。——译者注

好的结果，他们就会被训斥甚至被解雇。他们也有合理的理由相信这一点，毕竟有高管因为失败而惩罚个人或者团队的先例。然而，事实证明，该组织实际上对风险是非常友好的：错误的结果甚至停工都没有什么后果，毕竟这些结果带来的损失都远不及延迟改进的成本[①]。

一旦各方都在恐惧对话中揭示了自己的恐惧，我们就可以开始创造性地制定风险减轻措施。因为客户服务团队最先听到网站问题，所以我们将研发人员的座位移到客户服务团队旁边，并同意程序员对旁边办公桌接收到的问题保持警惕。我们也提供了一个红色按钮，当你按下它时，最新的发布版本将会回滚。最终我们在白板上写上了硕大的“YES”的字样，一旦有人问是否可以发布，我们就会默默地指向那个“YES”。结果就是，我们经常会看到，发布后呼叫中心会说：“网站挂了！”然后不出几秒钟，伴随着工程师毫无压力地按下大红色重置按钮，工程师就会反馈：“网站已经恢复。”

发布开始变成每天一次，然后是每天好几次。与此同时内部和外部的客户也会因我们取得的快速进展而感到由衷的高兴。我们通过恐惧对话营造出的心理安全感，使得团队的绩效得到了巨大的改进。

下面，我们将向你展示如何通过找寻“异常行为合理化”来为恐惧对话做准备，并创建框架来指导对话。

4.2 塔拉的恐惧故事

我是塔拉（Tara），一个为销售团队提供反馈追踪产品的小型创业

① 一旦降价到千分之一的错误被纠正，市场部的人实际上会对错误感到高兴。他们会迅速发布一份幽默的新闻稿，介绍该工程错误带来的惊人交易，并为由此带来的流量增长而欢呼雀跃。

公司创始人之一。每周我会因为要跟另一位创始人马特（Matt）进行规划会议而感到恐惧，他在负责我们的技术团队。我很担心我们会让客户失望，我也很生气为何我们不能构建出客户所期望的功能完备的产品。规划会议只是确认了这些恐惧，因为马特不断为没有构建出客户需要的产品而道歉。

在最近的一次规划会中，我感到心烦意乱，甚至于开始感觉身体不适。我希望通过分析对话帮助我找到一种方法摆脱现状。让我们从下面的对话内容开始。

先阅读表 4-1 右侧栏，然后回到开头从右向左读。

表 4-1 塔拉与马特的对话

塔拉所想所感	塔拉与马特的对话
简直是灾难!	马特：我们无法在这次冲刺中对新的报表进行排序或者筛选。
我们必须要完成这些功能，客户对此已经望眼欲穿。	塔拉：什么！你不想大家用到它吗？客户调研非常清楚地告诉我们，客户最低要求是可以排序。
这只能说明你对将其完成没有太过上心。	马特：我当然希望客户能用上它！但是我们能交付的内容受限于时间和技能。我们估计本周五我们可以交付一个静态报表。
真相就是，你根本没有给团队足够的压力。	塔拉：为什么？团队不能再努力一些吗？他们的动力还不够吗？
一派胡言！工程师就是在偷懒，而你正在纵容他们。	马特：这不是问题的根本，塔拉。事实上，更努力地工作会适得其反，他们会犯愚蠢的错误，导致开发进度更慢。我们只需要接受当前估算就可以了。

续表

塔拉所想所感	塔拉与马特的对话
如果我们的研发人员做不到我的要求，也许公司外面有人可以向他们展示如何能做到。	塔拉：嗯，所以我们应该找一个外包人员。这么做可以完成客户所需的报表吗？
你对我所有的建议都表示反对。很明显你打定主意我的想法不可行。	马特：不能。还记得上一个外包人员吗？她花了数周时间才跟上研发团队的速度。一个新人只会拖慢当前冲刺，而不是为冲刺加速。
我有两篇博文和一个在线讲座来宣传这一功能。就在我们迫切需要一个新的销售点的时候，我不得不把它们都推迟。对此我感到深受打击。	塔拉：我猜没有其他办法了。在开始推广新的报表之前，我们唯有等待。

这次对话后，我感到非常不舒服，恶心，胸口怦怦地跳。我想我一定是心脏病发作了。为什么马特一直无视明确的客户反馈，拒绝要求工程师做更多的事情？之前我以为他和我一样关心这项业务，但现在我真的开始怀疑这一点了。如果我们找不到完成这些功能的方法，我们将无法实现目标并破产，这让我感到非常恐惧。

4.3 准备知识：异常行为合理化

恐惧对话的目的是揭露潜在的恐惧并让其可被讨论。但是首先让我们看看，它们是如何被隐藏起来的。

也许我们可以在下面这个故事中找到答案。在美国哥伦比亚大学的一个不起眼的接待室里，研究人员比布·拉坦（Bibb Latané）和约翰·达利（John Darley）让一群学生填写一份问卷作为心理学实验的一部分。几分钟后，烟雾开始从墙上的通风口流进房间。每个人都在继续填写表格，没有一个学生说过一句话。然后更多的烟飘了进来，房间变得难以看清。但依然什么都没有发生——没有人采取行动去寻求帮助，甚至没有人问发生了什么事。一位参与者最终因刺鼻的烟雾导致咳嗽和流眼泪而打开了窗户，但是其他顽强的学生们依然继续填写问卷，没有讨论正在发生的危机或寻求帮助，直到实验者介入并终止了该实验①。

这里展示的现象被称为**旁观者效应**（bystander effect），或者我们最喜欢的术语——**人众无知**（pluralistic ignorance）。虽然个人在独自面对或者观察一件事情时可能会感觉不舒服，但是当其他人没有行动时，他们就会错误地假定其他人认为当前的情况是正常且安全的，于是他们也不会采取行动②。虽然会有部分，甚至全体相关人员都感受到了那些常见的恐惧，但对这种恐惧的表达却被团体中其他人员所表现出的另一种共识所抑制。换言之，**人们宁愿死于火灾，也不愿成为第一个报告烟雾的人**。这就是人众无知的强大之处。

烟雾实验告诉我们人们在面对单一恐惧事件时的反应，但是如果一个引起恐惧的事件反复出现却没有任何响应，此时大家又会如何呢？在 *The Challenger Launch Decision: Risky Technology, Culture, and Deviance at NASA* 一书中，黛安娜·沃恩（Daine Vaughan）调查了这起发生在 1986 年的航天飞机爆炸事件③。理查德·范曼（Richard Feynman）在 *Rogers Commission Report* 一书的附录部分，单独分析了美国航空航天局（National Aeronautics and Space Administration，

① Bibb Latané and John M. Darley, *The Unresponsive Bystander: Why Doesn't He Help?*, 46.

② 拉坦和达利尝试的烟雾实验的一个变体清楚地表明了群体的影响力：如果你让一个学生在同一个房间里单独等待，同样的烟雾从通风口冒出来时，她会迅速采取行动寻求帮助。

③ Vaughan, *The Challenger Launch Decision: Risky Technology, Culture, and Deviance at NASA*.

NASA）对在寒冷天气发射航天飞机时观察到的问题的反应[①]。两个人都观察到了沃恩所说的**异常行为合理化**：由于航天飞机在寒冷的条件下一次又一次地顺利发射，NASA 得出结论，在这种飞行器上观察到的助推器部件上的裂缝不是问题。尽管 O 型环上就不该有裂缝，但由于裂缝的尺寸很小，一些工程师得出结论，它们造成的危险很小。虽然其他人有顾虑，毕竟有什么理由相信下一个裂缝会和以前的一样小呢？但他们没有大胆地表达出来，以至于无法阻止这次发射。

事实上，NASA 的管理人员对航天飞机发射的安全性非常自信，所以他们才会决定在 1986 年 1 月 28 日的挑战者号中安排一名文职教师。那天早上，随着发射塔上冰柱的形成，助推器正如工程师们之前所担心的那样发生了爆炸，机组人员无一生还。

软件开发团队中的偶发性错误测试或随机失败的测试现象，也说明了异常行为合理化如何影响团队，尽管其后果相较上一个案例要小得多。研发人员构建一个自动化测试套件并在每次代码更改时运行它，他们观察到，一些测试大部分时间都成功，但会在看似随机的时刻失败。此时合乎常理的结论是这些测试失败，因为它会偶尔出现测试结果异常的情况。如果出现这类情况，应该重新运行测试。如果他们在几次尝试后测试通过了，他们就会继续执行发布过程。我们很多人都非常清楚，当偶发性的错误测试结果提醒我们确实存在间歇性故障时，结果只能是导致生产环境故障。

在 O 型环破裂和偶发性错误测试两个案例中，我们同样有为团队所支持的规范："不要带着破裂的设备飞行"和"不要在测试失败时发布"。但重复经历偏离这一规范的情况，即"带着破裂的设备飞行"和"在偶发性错误情况下发布"，导致产生了新的"在用规范"

---

① NASA, *Report to the President by the Presidential Commission on the Space Shuttle Challenger Accident*, Appendix F.

（norm-in-use），伴随而来的是组织对自身报警系统的忽视。在人众无知的助攻下，对新规范的危险性的恐惧表达被压制，一切都为灾难性的结果做好了准备。

恐惧对话有助于发现团队中隐藏的恐惧，并以心理安全来代替异常行为合理化，而心理安全正是迅速发现和纠正错误所必需的。为了做好准备，你可以在组织中找寻充满危险的、偏离常态的案例。为了让你开始学习，请参阅表 4-2 中的案例，其中列出了一些你可能观察到的现象。每个现象都有一个正在被违反的**信奉规范**，以及实际上被遵守的**在用规范**。

表 4-2　异常行为合理化案例

现象	信奉规范	在用规范
生产环境中明显的错误	始终如一地通过测试	某些时候测试可以失败
系统每个小时发出警报	快速清除警报	忽略已知的无害报警
冲刺结束日期延迟	准时地结束冲刺	延长冲刺以完成更多功能
长时间的站会	保持站会的迅捷	给出冗长的状态报告
低代码质量	经常性重构	经常投机取巧
过多的错误	100%完全测试覆盖	测试是可选的
最小的迭代	经常发布	只有当确定时才发布
太多管理员	只有在必要时才授予权限	应要求授予管理员权限
改进活动没有完成	更有效地召开回顾会	太忙了，来不及采取行动
用户感到困惑和失望	邀请客户/用户参与设计	无视用户研究结果

正如你在表格中所见，这种类型的偏离随处可见，不论是在软件、敏捷流程、产品设计中还是高管团队中。它们可能很容易被发现，但是在实践中，它们的表现可能并没有太过于明显。根据定义，异常行

为合理化意味着整个团队，包括你在内，可能对信奉规范的异变视而不见。

从团队外部找到一个同事或者朋友与你一起找寻这种偏差，毕竟当局者迷，旁观者清。如果你的团队经历过故障、严重的错误或者其他严重故障，与你的同事一起分析这些事件，并寻找不遵守规范的案例。思考在这些事件发生之前可能出现的偏差，确定你的团队可以采取的做法，以避免类似事件在未来再次发生。

4.4　准备知识：惯性思维破坏

信任对话是对未知领域的一次探索。你试图理解对方的想法，而这些想法在一开始你是不知道的，然后你会使双方的想法达成一致。与之相反的是，恐惧对话更加直接。多亏了在 4.3 节中你做的工作，当发生异常行为合理化时，你很可能会有一些想法，并找寻隐藏在这种行为背后的恐惧。此处的危险在于，你可能会过度掌控恐惧对话，只关注你认为可能的恐惧和原因。

在本节中，我们将向你展示我们为释放你内心的好奇、克服你的假设而开发的一种技术：惯性思维破坏。作为回报，当该技术应用于 4.3 节中发现的异常行为合理化案例时，它将为你在恐惧对话中创建的恐惧图表提供一个良好的开端。

4.4.1　腕上一瞥

为了说清楚惯性思维破坏，想象一下你正在做一个很大的提案，你希望以此来说服你的听众。当你正在慷慨陈词之时，你注意到一个你最希望说服的重要干系人，她快速地扫了一眼自己的手腕。此时你会做什么，以及你为何会这么做?

在继续阅读之前，花一分钟左右的时间做一个行动列表，列举出你可能会采取的行动，以及在这种情况下你为何会采取这种行动。正如你稍后将看到的，不要花太多时间思考这些行为，这一点非常重要，记下你想到的东西就行了。

写完了？你的反应大概率会被囊括在下面的某个描述中：

- 我要快一点了，她还有其他地方要去；
- 我要问一下我的表述是否已经涵盖了正确的材料，因为她肯定感觉很无聊；
- 我要跳转到最有说服力的那页幻灯片，因为她现在肯定对我的观点充满质疑。

如果你的回答接近于上面的某个描述，那么恭喜你，你的Ⅰ型系统正在完美地运转，并且它很可能在这种情况下出卖你内心的真实想法。

4.4.2 Ⅰ型系统和Ⅱ型系统

我们使用腕上一瞥这个场景让你体验由丹尼尔·卡尼曼在《思考，快与慢》中谈到的启发式决策。卡尼曼将我们的意识构成分为两个模型：快速、不假思索、无意识的Ⅰ型系统和缓慢、深思熟虑、耗时费力的Ⅱ型系统[①]。Ⅰ型系统之所以快速，部分原因在于它使用的是捷径，其中有两个捷径始终出现在腕上一瞥的案例中。首先我们假设惯性想法一定是正确的，其次我们将事实限定在我们能立即回忆起来的范围内，卡尼曼称之为“WYSIATI”，即“你所看到的就是全貌。”（What you see is all there is.）[②]

我们在无意识中为腕上一瞥构建了一个惯性想法，比如说“她还

---

① Kahneman, *Thinking, Fast and Slow*, Chapter 1.
② Kahneman, *Thinking, Fast and Slow*, 85.

有其他地方要去”。这个想法基于我们对这一瞥可能意味着什么的第一个想法（WYSIATI），我们的惯性思维使得我们感觉自己的想法是正确的。然后我们设计行动以响应我们虚构的想法，比如“我要快一点了”。这就是腕上一瞥这个案例给我们的最大教训：我们感觉自己是在对现实情况做出响应，因为 WYSIATI 和惯性思维导致我们将一个看似合理的故事误认为是事实。但往往我们是错的，这种错误是危险的，甚至会是灾难性的。实际上，当你回头看一下我们对腕上一瞥的描述时，你会发现我们只说了重要干系人快速地扫了一眼她的**手腕**，自始至终我们都没有提到过手表，然而你却非常肯定手腕上有一块手表。

这就是我们为何需要**惯性思维破坏**。

4.4.3 打破 I 型系统的想法

回到腕上一瞥这个练习，现在请大家考虑一下那一瞥的可能的其他含义。所有可能的原因：容易紧张的习惯、智能手表的提醒、手上的皮疹，以及一些其他的原因。花更多时间思考，将会让你激活你的 II 型系统并想出更多的理由。这就是惯性思维破坏。

我们发现延伸思想，甚至将疯狂不靠谱的解释也纳入原因是非常有帮助的，比如她将统治世界的计划写在了手上，那个眼神对她所在的秘密组织成员而言是一个隐秘的信号，等等，不一而足。我们建议你从这些极不靠谱的解释开始进行惯性思维破坏。因为这种解释很幽默，而它所产生的笑声与你所感受到的“战斗或逃跑”反应是完全不兼容的。而这种反应恰好源于你对 I 型系统虚构出的基于恐惧的、极度危险的惯性思维的思考。

惯性思维破坏的核心点不是有很多选项，而是这些选项之间互不兼容。一旦我们发现了相互冲突的解释，我们就不会再深陷于最初的惯性思维。选项一直都在，只是我们需要Ⅱ型系统——也就是深思熟虑、耗时费力的思考过程——来发现它们。它并非我们感觉已经有了好的解释时自然而然的行为，而是对成功的恐惧对话来说至关重要的事情。

4.4.4 应用惯性思维破坏

任何时候，当你要进行潜在的高难度对话时，惯性思维破坏都可以被用来帮助你做一些准备，特别是当你感受到可能对对方的想法和感受有一些假设时。（如果你和我们一样，你基本上总是会做出这种假设！）在表 4-3 中，我们提供了一些真实情况下的惯性思维破坏的案例。

当准备恐惧对话时，惯性思维破坏可以帮我们在讨论中采取一种更好奇、更开放的姿态。这种方式的讨论将会帮助我们发现并减轻之前从未想到的恐惧。为了做好准备，尽可能多地列出你在 4.3 节中提出的每个异常行为合理化背后的恐惧。列举的时候，尽可能宽泛一些，让你的Ⅱ型系统去想象那些看起来不太可能或者愚蠢的恐惧。你可以将想法写在便笺纸上，以帮助你在 4.5 节制作你的恐惧图表。

表 4-3 惯性思维破坏案例

如果你认为	考虑其他可能性
我的团队太懒了，所以不写测试代码。	CEO 命令所有团队停止做测试。 团队写的代码完美无瑕，测试代码完全是多余的。 有人告诉他们测试代码是无用的。 他们曾经尝试过做测试，但是发现那太难了。

续表

如果你认为	考虑其他可能性
销售人员不关心质量，只关心截止日期。	销售团队在试一试，看看能将目标变得多么荒谬可笑。 销售人员认为代码充满错误，所以质量已经不重要了。 截止日期是高管敲定的，销售人员对此无能为力。
数据库供应商知道我们无法更换供应商，所以他们正在榨干我们的每一分钱。	一个不务正业的高管正在试图用荒谬的价格把客户赶走，从而达到搞垮公司的目的。 价格表标错了，实际上我们享受了巨额折扣。 我们的客户经理知道我们资金紧张，通过谈判，将整体费率的增幅降低了 50%。

4.4.5 为惯性思维破坏评分

要使用惯性思维破坏来为双栏对话分析法评分，需要从左侧栏中尽可能多地找到关于他人想法或动机的无根据的结论。你需要在左侧栏找寻类似于“明显的”“明确的”这种字眼作为信号，以及在右侧栏中找到没有坚实基础的陈述，比如断言别人正在用模棱两可的语言诋毁你的工作，类似“我不相信你的项目达到标准了”。为了检查你是否识别出了无根据的结论，可以尝试去重新思考引导你得出结论的观察结果是否有其他解释，从而实现惯性思维破坏。如果你成功找出似是而非的其他解释，之前的结论就必然是毫无根据的。当你找到一个毫无根据的结论时，就给自己加 1 分。你的目标是保证该项得分越低越好。

4.5 对话：恐惧图表

掌握了异常行为合理化以及惯性思维破坏两项技术后，我们就可以开始恐惧对话了[①]。

我们在恐惧对话中的首要任务是，让我们能想到的所有恐惧都可以被讨论。这里就是惯性思维破坏发挥作用的地方，特别是整个团队都掌握这项技术时（如果他们不行，考虑在对话开始时向他们介绍该技术，邀请每个人花 5 分钟时间使用Ⅱ型系统来产生一些想法）。然后我们就可以继续筛选出关键的恐惧，并最终减轻这些恐惧。随着进度推进，你将会构建出一张**恐惧图表**。（本节最后的图 4-1 展示了图表在你练习结束时可能的样子。）

第一步：将迄今为止所有识别出的恐惧可视化（由你或者整个团队完成该项工作）。我们喜欢用便利贴，因为移动起来非常方便，但在白板上写字或把便笺纸放在桌子上也可以。为了从小组中征集更多的恐惧，也许我们可以要求对已识别出的恐惧进行更极端的描述（“如果错误是不好的，那么停机是不是更糟糕？”），或者要求从已识别的恐惧的反面进行思考（“我们担心员工流失，我们是否也担心团队增长过快？”）。

第二步：要求小组成员添加更多卡片，或者将现有卡片进行合并。增加新的恐惧时，不要对卡片进行编辑，我们的目标是收集所有小组成员识别出的想法，而不是过早地进行过滤。

一些识别出的恐惧，几乎总是会互相增强，或者互不相容。通过将卡片彼此靠近或者重叠放置，或使用带标签的箭头连接卡片组，又

① 在本节中，我们准备假设你正在和一群人进行恐惧对话，比如在软件团队中的研发人员，或者更大一些组织中的管理者们。但是那只是为了让我们的描述更加好懂，你应该在面对一群同事或者某个人的时候也会感觉良好。我们描述的方法在较小的群体中同样有效。

或者使用任何其他有助于你查看关联的方法来表现这一点。确保你不会遗漏那些腼腆的团队成员。当你对卡片分组时，务必要征得那些恐惧的发现者的同意。

第三步：是时候从那些我们可以安全接受的恐惧中筛选出值得处理和减轻的条目了。我们喜欢使用点数投票[①]的方式来识别出我们需要减轻的恐惧，但是你可以使用任何你喜欢的方法。那些能激活你的Ⅱ型系统的离谱想法，比如那些涉及外星人或者秘密社团的想法，几乎肯定不会在这个过程中被最终选中，因为这些想法已经完成了激发创造力的使命。你会得到小组想要处理的恐惧的一个子集，包含最令人担忧或重要的恐惧。

第四步：如果我们为每种被选中的恐惧找到一种缓解的方法，我们就达到了恐惧对话的目标。缓解措施可能包括如下内容。

- 担心满是错误的发布会惹怒客户。
  - 与客户或者内部代理人讨论质量和速度的取舍问题，并就期待达成一致。
  - 增加手动和自动化测试覆盖率。
  - 与高管达成一致，在团队提高质量的同时，将由高管来应对那些愤怒的客户。
- 担心错过截止日期。
  - 了解截止日期的驱动因素，并通过与市场或者销售部门的对话来协商缩减范围或者改变截止日期。
  - 在客户的同意下缩减范围。

① 当使用点数投票（dot voting）时，告知小组每个人都会有几张票（我们一般是3张或者5张，但张数更少也是可以的）。每个人走到白板前，在其认为重要的一个或多个恐惧的旁边画上一个点或者其他统计标记。参与者可以随心所欲分配他们手上的票，可以把所有的票投在一个或多个非常重要的恐惧上，也可以为若干个恐惧各投一票，只要他们的总票数不超过一开始分配给他们的数量即可。

- 担心未能掌握新方法或者技术。
  - 明确“掌握”的定义，以及在掌握路上的里程碑，从而将进度可视化。
  - 增加培训和学习的机会。

列出每项恐惧的内容、恐惧的减轻方法，以及明确执行该项缓解措施的责任人（这是最重要的！）。

第五步：最后，如果你愿意，列出每项即将被缓解的恐惧所对应的信奉规范，并将其加入恐惧图表，以明确展示缓解措施的预期积极结果。

图 4-1 提供了你将完成的恐惧图表的案例，但是只创建恐惧图表是不够的，你还要确保它被公开发布（理想情况下，将其贴在墙上，但通过在线文档或者其他内部文档系统公开也是可以的）和经常性讨论，还要确保缓解措施落实（具体查看第 7 章“当责对话”，当中提到了一些确保措施被切实执行的方法）。

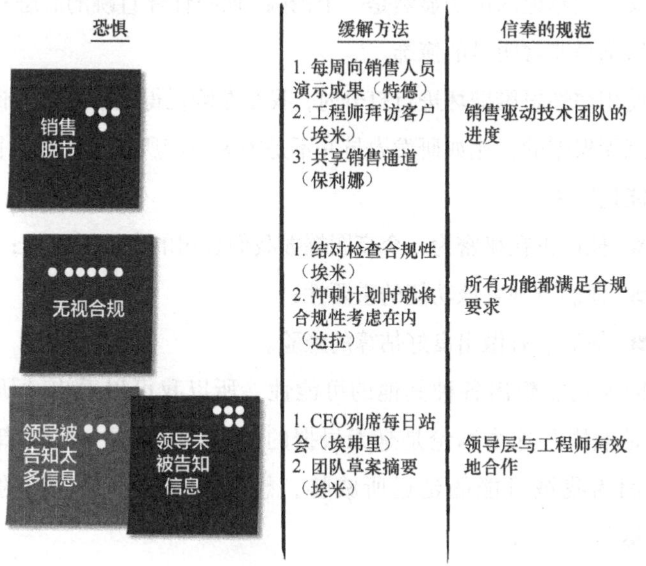

图 4-1　恐惧图表

创造恐惧图表对团队而言可以是一种转型经历，让他们可以讨论一些隐含的担忧并高效地处理这些担忧。但是它不是一件一劳永逸的事情，你需要不断重新审视和修订你的恐惧图表，最慢 6 个月修订一次，因为团队及其所处环境也一直处于变化的状态。

现在让我们看看一些实战中恐惧对话的案例，就从塔拉的对话开始吧。

4.6 塔拉的恐惧故事（续）

反思了一下我的对话的基础得分，我发现自己提出了 5 个问题，但是每个问题都是引导性而非真诚的问题。我无助地希望马特答应做某些事情以使得关键功能得以完成。在对话的早期，我分享了左侧栏的事实，但是没有分享我对研发人员和马特越来越负面的看法。马特关于又一次延迟的声明显然是一个诱因，而我怦怦直跳的心脏和身体的不适都是非常明显的掩饰。

使用惯性思维破坏进行打分时，我在左侧栏得到了 5 个结论，全都是毫无根据的。比如研发人员并不是因为懒惰所以无法完成目标，这可能是因为：

- 他们正在秘密为一个妄图摧毁我们公司的大反派工作；
- 他们不理解该功能的重要性；
- 他们没有做出良好估算的经验。

因为我能想出各种其他的可能性，所以我可以看出“研发人员就是懒惰”这个结论是毫无根据的。实际上这是一个防御性推断，因为我被可能的延迟所威胁，想要通过责备工程师的方式来“赢”。

我能在**修订**中做点儿什么不一样的事情呢？好吧，首先我想要与马特一起制作一张恐惧图表，用来发现和减轻对我们造成困扰的点。我还计划对我左侧栏中的结论进行查看，并尝试为它们找出其他的解释。在写下上述“为何员工没有完成工作的可能原因”的列表时，我就已经这么做了。

修订后的对话

与马特的恐惧对话进行得非常完美。我们找到了一个共同的恐惧点，那就是我们都担心为客户做得不够多，虽然暂时我们还没有发现该如何减轻这种恐惧。在上周的计划会中，我决定当感受到恐惧时我就将其描述出来，这样我们就可以一同寻找减轻措施。

先阅读表 4-4 右侧栏，然后回到开头从右向左读。

表 4-4 修订后的塔拉与马特的对话

塔拉所想所感	塔拉与马特的对话
又来了，我们需要为那个投机取巧的捷径做出解释。	塔拉：得了吧，你知道那个功能只是半成品。客户甚至都不能在工作流结束时保存他们的项目。
我感觉心跳加速了。我在害怕什么？我想是因为我们不得不再次推迟我们的销售宣传活动，并且损失一些收入。	马特：当然，但是这是我们在当前冲刺能做完的东西。在下次发布中，我们将会做完剩下的功能，其中包括保存当前进度这项功能。
如果我们不进行销售，我们的现金流就断了。我们不能这么卖我们的产品。这一切究竟是怎么发生的？	塔拉：但是我们同样无法对产品进行销售。为何当我们无法交付有价值的产品时，却说我们正在构建它呢？
我们总是宣称我们“每个迭代都交付价值”，但是我认为我们对原则的偏离已经习以为常。	马特：我很疑惑。我想我们在每次冲刺都构建了有用的东西。识别并构建价值是我们每个计划会的目的，不是吗？

续表

塔拉所想所感	塔拉与马特的对话
我们团队比过去更大了，但是他们没有足够努力地工作。或者因为他们被催眠，所以工作得很慢。又或者他们根本不懂这个功能，他们需要更多的培训。嗯，看来对我的观察结果有很多种不同的解释。我要询问一下马特的观点，从而帮助我们解决这个问题。	塔拉：好吧，看来他们并没有达成这个目的。我认为，当我们说我们在构建有价值的增量时，实际上我们是在构建无法销售的半成品功能。你觉得这是为什么呢？
嗯……每当我思考马特的问题时，我就会回想起那个吞噬了我们团队整个夏天的数据库项目。也许那才是真的吓到我的事情。	马特：虽然很刺耳，我还是要说。塔拉，你为什么不早点告诉我们这些呢？我不知道我们遗漏了这些需求的行为正在伤害销售人员。如果你告诉我们，我们就可以做出调整，至少能完成其中的一部分功能。
我觉得我对马特已经信任到可以分享我的恐惧了，而我现在也明白了这一点。	塔拉：好问题。我的想法是，我担心如果我做了，你的团队会对一些事情有所隐瞒，比如什么时候重建数据库，又或者几个月都不发布任何功能。
这就是我要讨论的，通过利弊权衡来增加价值。	马特：我不知道你感受到了那种恐惧。自从数据库建立后，我们学到了很多东西，并且我肯定我们现在可以做得更好了。比如我们是否可以省略第 7 步并且用一个可工作的保存按钮来代替？这样就可以将该功能放入当前冲刺了。
这次会议真的是卓有成效。	塔拉：当然没问题！

惯性思维破坏在关键时刻帮了大忙，让我通过思考其他解释的方式避免假设研发人员应该为进度缓慢负责。事实证明，我也是问题的一个部分。在计划会期间，我始终没有分享我的恐惧，也没有解释我

认为缺失的功能会对销售产生什么影响（回头看一下我与马特进行的第一次对话。在左侧栏位置，通篇都充斥着恐惧，但这些恐惧从来都没有进入实际发生的右侧栏中）。现在我们把这种恐惧公开化了，我很高兴我们的计划会更有效了，因为我们就如何改变范围以推动销售进行了有益的讨论。我终于不用再为此惶惶不可终日了！

4.7 恐惧对话案例

汤姆和工程师：对代码的恐惧

汤姆（Tom）说："在我被任命之前，肯（Ken）是技术负责人，也是部门经理。在我接手他的工作后，我很快便发现，发布过程看起来是错误和令人恼火的根源，但是没有人告诉我确切的原因。看起来那是一个不可讨论、会引发恐惧的话题。我决定在会上与肯和其他工程师一起找寻更多的信息。首先敦促他们找到与发布有关的恐惧，我希望这可以帮助我们发现一些异常行为合理化的案例。"

先阅读表 4-5 右侧栏，然后回到开头从右向左读。

表 4-5 汤姆、肯以及工程师们的对话

汤姆所想所感	汤姆、肯以及工程师们的对话
让我们将现状可视化，并使之可被讨论。	汤姆：OK，我认为我们已经将发布过程全部展示在白板上了。有什么被遗漏了吗？
我对"应该"这个词感到深深的怀疑。	迪安（Dean）：是的，这就是我们应该遵循的流程。
这些很重要的词（指"应该"）是什么意思？	汤姆：你所谓的"应该"是什么意思？

续表

汤姆所想所感	汤姆、肯以及工程师们的对话
更有问题的词出现了——“当然”？	埃莉（Ellie）：额，肯当然并没有遵循这套流程。
	汤姆：为什么是“当然”？
啊，这可能就是为什么每个人都会小心翼翼地回避问题。	肯：埃莉是对的。有时候我会跳过代码评审和质量保证步骤，直接将代码发布上线。
让我们看看是否可以触及未曾言明的情绪。	汤姆：为什么这么做呢？你是否有一种恐惧感，正是这种恐惧感导致了这一切？
干得漂亮，肯。在你昨天告诉我这件事的时候，我就希望你能在这里分享它。	肯：有很多只有我能理解的“祖传”代码。我想我是担心他人会对此感到困惑而犯错。
我不能跟弗兰克争执。但是弗兰克的确没有与我或者其他人分享他的这种担忧。	弗兰克（Frank）：肯，这对我们不公平。我们想要知道整个程序是如何工作的。除此之外，你那些未经检查的发布也会导致错误的出现。
	汤姆：你之前并没有分享这个观点，弗兰克。为什么呢？
又出现了！一个有多种解释的情绪化短语“他的代码”。不过我很高兴弗兰克可以谈论这种恐惧感。	弗兰克：我的恐惧是汤姆不喜欢我们看他的代码。
肯也这么想吗？	汤姆：（对弗兰克）你刚刚说到了“他的代码”。（对肯）你是否将那些代码视作你所独占的呢？
我想我可以找到减轻这两种恐惧感的方法。	肯：完全没有！我想要与别人进行分享，但是我认为其他人不想看那些代码。
	汤姆：我认为可以直接说弗兰克想要共享代码所有权，对吗？其他人同意吗？我看到很多人都在点头。

续表

汤姆所想所感	汤姆、肯以及工程师们的对话
啊哈，看起来有效噢。	肯：我很乐意与其他人合作处理那些祖传代码。
	汤姆：这帮你减轻了你对错误的恐惧吗？
走上正轨了。	肯：当然！我今天下午就跟弗兰克预约一个代码评审。

汤姆使用白板来分享拥护的标准，即团队“应该”遵循的流程。这帮助团队讨论他们怎样偏离了标准和为什么他们偏离了标准，以及何种恐惧导致了偏离。随后进行的恐惧对话，为之后通过恐惧图表来找寻恐惧缓解措施提供了方便。汤姆在后续的报告中说，在这次成功的对话之后，团队更加严格地遵守他们所拥护的发布流程。

4.8　案例学习：战胜恐惧

4.8.1　一年两次大发布

“4 个月，”蒂埃里（Thierry）想，“他们永远也做不到。”

那是 2018 年 9 月，比利时联邦养老金服务局告诉敏捷团队的咨询师蒂埃里，他们即将在 12 月完成最后一次按季度发布的大版本升级。随后，他们将会每两周就发布一个新的版本，从而实现“持续交付”（continuous delivery），并且大幅缩减费用和降低风险。

该机构拥有 120 名研发人员和一个庞大的、有 15 年历史的应用程序。该应用程序为每个比利时人计算和支付养老金。在这种情况下，该机构不得不改变 15 个研发团队根深蒂固的习惯。这些团队中的每一个都会在庞大的代码库中做一些可能会交叉关联的变更。每个季度，构建和发布团队将会苦不堪言地合并各个团队的变更，并生成一个缝缝补补的、巨型的、包含所有新功能的程序发布包。但自从每个团队代码都开始各自独立编写后，有些团队的代码无法合并运行。他们发现，为了稳定和交付一个可用的应用程序，他们花费了大约 330 人天的工作量。这些工作量让他们已经无法承受，因此他们决定是时候做出改变了。

当然，在很多组织中，所谓的季度发布无法做到真正的按季度发布。错综复杂的、高度人力化的发布过程通常会导致错失截止日期和发布上线延迟，所以该机构实际上平均每年只能发布两次。这种延迟意味着每个新版本都会伴随更多功能的交付，这只会徒增复杂度和风险。

在 20 年的软件团队领导经历中，蒂埃里从来没有见过任何一个如此大型的组织会如此快地转型持续交付。而这一切的开始，就是该机构雇佣他来实现这一目标。

4.8.2 找寻恐惧

与内部变革倡导者组成的雄心勃勃的“核心团队”在联合设计（joint design，更多内容详见第 5 章的“动机对话”）技术的帮助下，蒂埃里画出了当前流程的价值流图。该图将所有流程内容囊括在内，从研发人员完成代码编写到功能特性正式上线，不一而足。比如通过价值流图发现每两周就会执行一个更快的“补丁发布”流程。起初它被设计用来对现有功能进行快速修复，但是偶尔也会用于新功能发布，且这种情况越来越多。

“看那个！”他一边说一边查看价值流图，“真让人惊讶，他们在两周内就完成了所有的发布过程。”他认为，**这可能会使得新的过程顺利替换旧的过程，且下一个主版本将被几个小版本所替代。**

接下来的调查揭示了第一种可能阻塞进度的恐惧：**对复杂度的恐惧**。如同他们在每个发布中所做的，团队创建了很多代码分支（包含一个团队近期变更的软件版本），分支之间存在复杂的相互依赖关系。要将这些盘根错节的分支理顺为可独立发布的版本，需要从多个分支中挑选出需要的代码。即使只创建一个补丁版本，团队都经常出错，更不要说从近 6 个月的变更中挑选出适当的代码放入一个发布版本了。在进行如此复杂的中期调整时，出错的风险太大了。因此在一声长叹后，蒂埃里与核心团队同意通过遵守 12 月发布大版本的计划来缓解这种恐惧。从 1 月开始，他们将要清理代码分支并从更简单、更小的功能单元重新开始发布。

当他们继续向着新流程前进时，蒂埃里带领团队进行了一系列的恐惧对话。通过这一系列的恐惧对话，团队发现了更多的恐惧：参与度不足、技能差距、遗漏关键步骤、截止日期和无尽的错误。接下来我们将更详细地探讨这些问题。

对参与度不足的恐惧：这 15 个团队中的大多数都在为实现持续交付而合作，但也有一些团队完全不见踪影，几乎不做任何准备工作。他们会适时参与吗？他们会拒绝参与新流程吗？为了减轻这种恐惧，核心团队确保应用持续交付模型的步骤足够简单且清晰明了。通过这种方式，一旦那些参与度不足的团队认识到变革真的在发生时，他们可以简单地迎头赶上。这种方式对那些补丁发布流程的重度用户而言可以提供巨大的帮助，因为即使到最后一刻，他们也可以快速切换到新流程中来。

对技能差距的恐惧：新的流程将要求功能在比以前小得多的增量中得到实现。团队是否有能力接受，并将他们的工作拆分为可以在两周内完成的、有价值的小功能？蒂埃里在很多其他组织中看到过工程师可以每天都交付价值，因此他对此并不担心，但他也未因此就充满信心。毕竟团队需要一个自己认可的缓解措施。团队一致认为需要安全网，即如果他们未能在两周的时间范围内完成功能，则可以通过特性分支跳过本次发布。

对遗漏关键步骤的恐惧：漫长的发布流程包含很多事件，比如代码冻结，以及全员参与的“是否可以发布”的决策会议。这些事件会消失吗？这些事件所提供的风险减轻效果也会一同消失吗？这里的缓解措施相对来说容易：核心团队成员开发一个可以在两周发布周期中使用的简化版事件，保留价值的同时加速整体流程。

对截止日期的恐惧：作为政府职能的一部分，该局的工作具有法定期限，无视该期限**不是**一个可行的选择。团队如何确保他们可以在新流程如此紧凑的情况下完成不可变更目标？一次简单的失败是否会让整个过程失控？一个备选程序可以解决这种恐惧：在接近最后日期时，只要团队准备好了充分的变通方法和缓解措施，即使测试失败，团队也可以选择发布。

对错误的恐惧：这是最大的恐惧，尤其是对高管而言。一个足够严重的问题就可以让他们登上比利时各大报纸的头版头条。这会损害高管的名誉，并让机构花费巨额资金来进行修复。这种担心是有道理的，因为许多自动化测试各自为战，所以容易出现假阴性，而手动测试也难以协调和组织。结果，很多错误顺利通过测试过程，每个发布都有大量的时间被用于反复检查备选发布版本，试图以此来排除所有错误。

“大发布让人们将精力放到质量上，这就给了我们足够多的测试时间。”团队如是说，“我们如何能在两周时间内做足够多的测试工作，以保证不会发生灭顶之灾？”核心团队投入了大量时间，通过隔离不可靠的测试（失败的测试被人工检查或者修正）、将测试提交到代码相同的版本库以保持同步，以及更仔细地规划人工测试，只关注每两周发布中的少部分功能。

在减轻了这些恐惧并在 12 月完成了最后一次重大发布后，核心团队得到了高管们的许可，可以开始使用新的流程。他们屏气凝神地进入 2019 年：他们的缓解措施足够吗？新的一年里，他们能否在两周内完成一次完整的发布呢？

4.8.3 笑容满面

答案是响彻云霄的"Yes"。虽然第一个发布不完美，但是它按时发布了。核心团队在下一个发布来临前，就已经准备好解决问题。一开始参与度不足的团队开始积极参与，团队想出如何发布部分功能而不是完整的功能。简化版的事件正常运行且帮助团队降低风险，自动化测试与手动测试共同为高质量与按时发布保驾护航。让恐惧可以讨论，然后想方设法减轻这些恐惧并为机构提供足够的保护，从而让第一个发布按计划完成。此后每隔两周，发布工作就像钟表一样准时。

当然，没有什么是完美的，核心团队也依然存在很多工作需要去做。通过倾听 15 个团队的心声，让我们知道还有很多需要修复和改进的地方，但这也同样显示新流程受到了普遍的欢迎，并在组织内提供了透明度。蒂埃里记得有一个核心团队成员在新流程的准备阶段总是一脸愁容："她相信变革是需要的，但是担心变革永远不会发生。在首次发布后的第一次拜访中，她一贯的愁容被满脸笑容所取代。"

4.9 结论时间：应用恐惧对话

在本章中，你学到了如何使用异常行为合理化提供的线索来**识别**恐惧，也学到了如何使用惯性思维破坏来发现你之前未曾发现的恐惧，以及如何使用恐惧图表来缓解恐惧。通过减少你自己和其他人的恐惧，你可以帮助消除那些影响对话转型的威胁、尴尬和防御性推断。你可以通过多种方式使用**恐惧对话**。

- 作为**高管**，你可以在心理安全文化允许的情况下，让障碍和风险的信息有效向上和向下流动，让组织承担更多的风险，并找出更多的方法来清除组织在实现目标的道路上的障碍。
- 作为**团队负责人**，你可以找到团队在冲刺计划、站会或回顾会中没有探索到的选项，以及你可以做些什么来提高参与度和创造力。
- 作为**团队成员**，你可以找出抑制你的创新能力的恐惧，比如基础设施即代码或可执行的需求规范，并在同事和领导的帮助下，有效地缓解这些恐惧。

第 5 章　动机对话

迄今为止，我们已经向对话工具箱中放入了一些帮助我们建立信任和减少恐惧的工具。这些技术解决了阻碍合作的问题，也减少了可能让团队深陷工厂思维的问题。移除成功道路上的障碍是我们的首要目标，但是从下一个工具开始，我们开始为团队构建积极的工作框架。构建“动机”为公司提供了一个指导大小决策的战略方向，并为成功提供了强大的动力。独立决策和团队激励在非协作式工厂中并不被关注，但一旦我们从非协作式工厂中挣脱并开始自主运作，它们就会变得至关重要。

本章的中心思想是，你所构建的动机，不仅要解释你们作为一个团队所采取的集体行动的推动力，还要注意该动机应该由团队**集体**参与创建。高管通过自上而下的方式为团队强加动机只会弊大于利，更别提有时强加动机还是以作秀般的咨询方式展现的。共同创造一个目标意味着首席架构师可以集中精力将云计算作为下一个进化步骤，技术负责人可以让他的整个团队支持这个季度目标，而测试人员可以自信地决定他接下来应该对哪个组件进行自动化测试。

当你通过这些方法完成工作时，你将能够：

- 将**利益**与**立场**区分开来，并在涉及后者的无休止的争论中发现前者；
- 将**宣扬**与**探寻**结合起来，让你对他人的观点充满好奇，同时透明地分享自己的观点；
- 通过使用前两种技术，以及清晰的决策方法和具有时间限制的讨论，**共同设计**一个解决方案，比如团队动机，让所有参与者都能被倾听，并产生一个每个人都能有所贡献的结果。

5.1 不要直接从动机开始

西蒙·斯涅克在某个高关注度的 TED 演讲中热情洋溢地指出：想要获得成功，组织必须始终以“动机”为主导，这是组织存在和行动的核心原因。“做什么”和“怎么做”是定义通往“动机”道路上的战略和战术，他们的出现要晚于动机。想要成功，客户、雇员和投资者需要先听取、理解组织目的，并与之保持一致[①]。

在他的演讲以及后续的那本《超级激励者》中，斯涅克引用了很多案例来支持他的观点。

- 探险家欧内斯特·沙克尔顿（Ernest Shackleton）在 1914 年第一次尝试穿越南极之前，据报道曾做过广告，邀请人们加入他的行列。他这样写道：“危险的旅程需要男人。这次旅程工资微薄、气候寒冷、长达数月不见阳光、会遭遇持续不断的危险，甚至是否能安全返回都令人怀疑。但如果成功，你将获得荣誉和认可[②]。”

① Sinek, “How Great Leaders Inspire Action”.
② Sinek, *Start with Why: How Great Leaders Inspire Everyone to Take Action*, 94.

- 在 1997 年的一次重大品牌重塑中，苹果公司的广告激励我们“另辟蹊径”而根本不提他们的产品。如此明确地向客户确立他们公司的使命，并以完全脱离他们现有计算机产品的方式，使他们能够在接下来的 10 余年中主导新的品类，如音乐播放器、智能手机和平板电脑。
- 马丁·路德·金（Martin Luther King Jr.）博士在 1963 年发表的鼓舞人心的演讲，描述了一个新世界的愿景。在这个新世界里，人们将“不是以他们的肤色，而是以他们的品格优劣来评价他们”[①]。他几乎没有表达听众将如何到达这片应许之地，更关键的是，这篇演讲被称为“我有一个梦想”，而不是“我有一个计划”。然而，仅仅通过谈论他的信仰，他就成功地吸引并说服了超过 25 万的听众。

在每一个案例中，一个大胆的领导者都以令人信服的论点来吸引追随者，说明该团体的目标是什么，并以此取得了巨大的成功，而非纠缠于战略或战术。在我们的经验中，强有力的动机也可以为更小的、战术层面的改变提供帮助。

自然而然地我们就会想，如果我们想要团队达到上述案例类似的高度，我们就需要与他们分享一个鼓舞人心的动机并真诚地做出承诺。有了清晰的方向和内部承诺，他们将能够自组织并像上述案例中的那些人一样获得相同的成功。不是吗？

恕我直言，我可能要给各位泼一盆冷水。以动机开始是非常危险且不太可能成功的。

是的，如果一个团队要有效地利用迭代交付和定期反思等技术进行改进，就必须达成明确的目标。是的，在对范围、里程碑、截止日期、目标以及其他一切让敏捷引擎运行的内容达成一致之前，

① King, “I Have a Dream”.

我们必须在目的上达成一致。这就是接下来两个对话，“动机对话”和“承诺对话”如此安排的原因。在这两个对话中，我们都将有很多关于如何建立内部承诺的内容要阐述，以便与团队和组织的动机达成一致。

动机之前

但是，我们经常看到管理人员在没有进行“信任对话”和“恐惧对话”的情况下，就试图激励他们的团队，然而结果却令人失望。如果没有让每个人都分享与其行为模式一致的想法，就没有人愿意相信有人在指引正确的方向，更不用说相信有人准备在这个方向上达成一致了。当不受约束的恐惧主宰了团队的思想时，他们就无法为目标的联合设计（joint design of goal）腾出空间，而恰恰是这些目标构成了“动机”对话的核心。

我们想起了一个在软件即服务（Software as a Service，SaaS）产品发布后与我们一起工作的团队。该产品花了将近一年的时间构建。缺乏迭代和客户的参与意味着该产品在垂死挣扎，因为销售人员甚至都无法成单。团队成员将这一切看在眼里，感到非常丧气，并且看起来没有人知道如何修补产品并让其可以推向市场。似乎很明显，这个小组需要的是一个良好的斯涅克式的“动机”，以帮助他们重新与客户接触，并以迭代的方式获得一个解决方案。

但当我们深入了解后，我们很快发现团队在信任和恐惧方面有一些潜在的问题，这导致该团队还没有准备好接受**动机对话**。管理者在团队组织和产品营销方面所做出的，都是单方面的、不受欢迎的决定，这导致了他们动机错位严重。其他的捷径，像略过代码评审、在产品负责人没有参与的情况下将功能推送上线等行为，直接导致团队对代码和发布质量产生了无可厚非的恐惧。在这个时间点给予团队一个振奋人心的动机，就如同威廉·布莱中将在兵变发生前对着邦蒂号船员做一场励志演讲，只会适得其反[①]。

在与组织进行了紧张的工作后，我们发掘了一些可以帮助提升信任和减轻恐惧的行动。包括：

- 重新定义团队负责人角色，并用协作领导力对其进行辅导，包括制定和履行让团队参与决策的承诺；
- 使质量方面的恐惧可以被讨论，并重塑发布流程以解决这些问题；
- 开除一个自身行为已经伤害到团队信任的、毫无效率可言的高管。

只有在实施这些行动后，团队才可以拥有一个有意义的动机对话，才可以讨论公司和团队的目标以及产品发行失败的原因，然后才能启动通过迭代交付来解决功能缺失（此时它已经不再是团队的恐惧来源）的流程。经过上述一系列的动作，这个 SaaS 产品现在卖得很好。

就如同你在本例中所见，没有动机的团队如同无头苍蝇，强有力的动机将会为团队提供心理安全感以及清晰、一致的目标。这些用于联合设计强有力的动机的技术，依赖于坚实的信任感和较低的恐惧感，使团队可以在前几章学到的技术（比如惯性思维破坏和基于确认的沟通）基础上工作和进行团队建设。

因此，在继续进行之前，请确保你已经有了这些基础。如果你有，让我们开始吧！

5.2 博比的动机故事

我是博比（Bobby），是纽约一家公司的团队负责人，该团队为儿

① 该故事源自 1935 年电影《叛舰喋血记》（*Muting on the Bounty*）。——译者注

童电子学习平板电脑开发软件。达赖厄斯（Darius）是公司的硬件团队负责人，负责开发该平板电脑的硬件。我们需要联手交付新版本的产品，从芯片到固件再到程序。当前的问题在于达赖厄斯与我之间有 7 个时区的时差，所以我们几乎没怎么进行过实时交谈。我认为他的团队需要改变他们的工作时间，从而与我们有更多的重叠工作时间。我在黎明时分醒来，与达赖厄斯在电话里就这个想法进行讨论。但是对话很快就出了问题。我把它记录下来，并将对它进行分析以找寻错误的原因。

博比与达赖厄斯的对话

先阅读表 5-1 右侧栏，然后回到开头从右向左读。

表 5-1 博比与达赖厄斯的对话

博比所想所感	博比与达赖厄斯的对话
毫无疑问你将会看到增加沟通带来的好处。	博比：我们需要两个团队拥有更多的重叠工作时间。你是否愿意将上下班时间向后推迟一些以达成该目的呢？
好吧，阻挠不会让我们有任何进展。	达赖厄斯：我不愿意，这绝不可能。
我不认为圣诞老人会为我们改变他的行程。我们的任务是让孩子快乐和聪明，错过圣诞节将使我们的想法竹篮打水——一场空。	博比：嗯？但是我们的沟通需要改善。产品需要准时在圣诞节上架，延期正在扼杀我们的计划。
我才不信呢！我们的文档写得非常清晰！他的工程师只是不愿意阅读文档而已。	达赖厄斯：你不懂。延迟上下班不能解决延期，因为问题在于文档写得很烂。
我会再试一次来证明这点。	博比：虽然我不认为问题在于文档，但是就算真的是文档有问题，如果我们不多多沟通，怎么能发现哪里出问题了呢？

续表

博比所想所感	博比与达赖厄斯的对话
我同意，跟你沟通就是对牛弹琴。你简直就是信口开河。	达赖厄斯：那种做法毫无作用。如果我们能拿到高质量的规格说明书，我们就能根据它构建出东西，而那也是唯一的方法。
我别无选择了。你固执己见的时候我什么也做不了。	博比：我投降。如果你不自愿改变工作时间，我将不得不要求 CEO 让你这样做。

达赖厄斯在电子邮件和聊天工具中都表现得惜字如金、不善言辞，而我认为他会在电话中畅所欲言。但是我错了！在现实生活中他甚至更加固执。在我看来，我们对延误的原因，或者在如何达成更好的沟通等方面，并没有达成共识，甚至不知道为什么我们在一开始就要制造这些平板电脑。我完全看不懂该如何和达赖厄斯一同工作。

5.3 准备知识：利益而非立场，宣扬附加探寻

在信任对话和恐惧对话中，你的目的是发现以前隐藏的想法（分别是认知和恐惧）并使之可以被讨论。你可能会希冀动机对话简单一些，因为你可以告诉你的同事所有的关于“他的工作为什么很重要”这类鼓舞人心的理由，对吗？

悲哀的是，这种做法大概率不会成功。因为你鼓舞人心的理由很可能对团队的其他人没有意义。我们认识一个在银行业的主管，他花费了数年时间告诉每个人他的公司存在的理由是为了让市场更有效率。这个事实是正确的，他的公司在提高金融效率方面很成功。但是这个动机在产品设计、人员雇佣和员工激励等方面带来的帮助为零，因为它对绝大多数在此工作的软件研发人员和产品经理毫无意义。

相反，我们准备建议你做一些更加困难的事情：用**联合设计**的方式，为你的组织设计动机对话。这比看起来更加困难，因为这意味着协商与妥协，以及走两步、退一步的反复过程，这一切都使得其看起来是纯属浪费时间。除此之外，困难还源于所有参与方的“自我革命”。我们再也不能相信我们是工作、生活中真理和方向的唯一来源。这对那些坚信自己是唯一，或者应该是唯一知道组织正确的方向的高管或者创始人来说尤为困难。但是**联合设计**是在团队内创造内部承诺和自组织行为的唯一方法[①]。

我们将在 5.4 节中描述**联合设计**这项技术。在此之前，我们还有两种具体的技术要提供给你：**利益而非立场**，以及**宣扬附加探寻**。与其他人在任何有争议的领域协作时，这两项技术都很有用。

5.3.1 利益而非立场

人道主义组织 Mercy Corps 的谈判代表阿瑟·马尔季罗相（Arthur Martirosyan）讲述了一个成功谈判的故事，他使用了《谈判力》[②]中谈到的“利益而非立场”技术。一家石油公司在战后的伊拉克发现了大量的石油储备并且准备马上着手开采，不幸的是，这些石油所在位置被佃农种植的庄稼所覆盖，而这些佃农并不打算放弃这些庄稼。更不幸的是，这些佃农威胁要武装自己，最要命的是这一说法完全可能变成事实。这看起来是一个棘手的僵局，因为双方都不愿意放弃各自的**立场**：石油公司想要进行开采，而佃农想要正常耕种。情况陷入了僵局。

① 此外，你还需要定期更新团队的动机，因为团队成员和外部环境在持续变化。因此，我们更应该熟练掌握动机对话。

② Martirosyan, “Getting to ‘Yes’ in Iraq”; Fisher, Ury, and Patton, *Getting to Yes: Negotiating Agreement without Giving In*, 23.

但是马尔季罗相找到了一个让双方都聚焦回各自**利益**的机会：他发现石油不会流动，而农民的丰收已经近在咫尺。

石油公司能不能等一段时间再接管这块土地？**当然可以**！因为他们的利益是其对土地的使用权，然后在未来许多年里开采其中的自然资源。

佃农能否等到丰收后再撤离？**当然可以**！他们的利益在于出售他们辛苦种植的农作物。

当对话转入利益时，解决方案就显而易见了：等到庄稼成熟、农民获得丰收、拖拉机离开后，**再让**钻机入场，甚至有些佃农还在油田工地找到了一份工作！

在你的组织中，棘手的对话不太可能涉及驱逐佃农或者躲避子弹（字面意思）那么惊险刺激，但你的同事们的立场即使不像石油公司和农民的立场一样根深蒂固，也可能相差无几。此时重要的是，在开始高难度对话前，尝试识别他们的立场，以及对相应可能的利益的一些想法（别忘记**你自己的**立场和利益！）。通常组织外部的人可以帮助你识别这些信息，你可能会因为当局者迷而忽略一些信息。

表 5-2 提供了一些立场和可能的对应的利益的示例。

表 5-2 立场和可能的对应的利益

立场	可能的对应的利益
我们必须在本季度发布某个功能。	跟上竞争对手的节奏。 履行对客户的承诺。 保护按时交付的声誉。
我们必须消除我们的技术债务。	交付有质量的产品。 让研发人员开心。 招聘新的技术人员。

续表

立场	可能的对应的利益
我们必须停止接受新的需求。	增加交付的可预测性。 提升团队吞吐量。 与行业惯例保持一致。
我们需要使用容器进行功能部署。	降低部署失败率。 更快地诊断生产环境的问题。 学习新技术。
我们需要工资定级系统。	确保雇员待遇公平。 避免法律纠纷。 留住员工。
我们必须要解雇简（Jane）。	快速解决绩效问题。 强化我们的文化和价值观。 降低用工成本。

在对话中区分立场和利益通常有助于避免你和其他组员陷入无休止的、徒劳无功的争吵①。如果你看到了强硬反对的立场出现，或者你觉得立场正在变得不可动，那就争取找出并分享导致这些立场的原因和利益。

比如，3 位创始人中有两位正在激烈地讨论该采用何种销售策略。一位热情洋溢地支持在现有客户中扩展，另一位则强烈支持用新产品打开其他市场。第三位创始人一直在默默旁观，直到我们邀请她加入讨论。此时她在白板上画了一张可以说明其他两位创始人利益的图，这是之前他们都没有见过的方法（见图 5-1）。通过引入纵轴，她使我们所有人看到，在为现有客户和新增客户提供多重选择方面存在着共

① 还记得在信任对话中的推断之梯吗？像这样基于立场的争斗，通常涉及很多来自梯子顶部的行为主张，而没有分享导致不同结论的推断（包括利益）。我们听说这种争斗行为，被贴切地称为“决斗之梯”。

同利益点，范围覆盖从已知的客户喜爱的功能到完全由研究得出的新功能，不一而足。争论转向了更有成效的话题，即目前这种组合是什么以及它应该是什么。

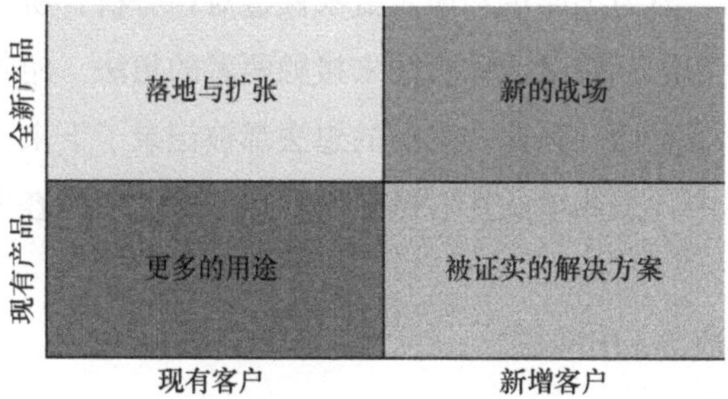

图 5-1 产品视野

为了明确地为动机对话做准备，尝试创建类似于图 5-1 的表格，其中立场是你认为同事可能主张的具体的团队或组织目标，而利益描述了他们的主张背后可能存在的更广泛的原则。

5.3.2 宣扬附加探寻

正如我们在第 2 章中所指出的，我们会自然而然倾向于单边控制和大力宣传。我们相信只要我们告诉别人我们的观点，他们就会被逻辑和我们精彩绝伦的辞藻所折服，并同意我们的观点（因为我们无论如何都是对的）。阿吉里斯告诉我们，关注我们的对话有助于我们抛弃这种习惯[①]；另外有一些方法，比如基于确认的沟通以及"利益而非立场"等技术也会引导我们远离这种片面倡导，并转向透明和好奇。我们不是唯一知道真相的人，询问真诚的问题有助于我们理解其他人如何看待此情此景，让我们可以共同找出新的解

① Argyris, "Skilled Imcompetence", 5.

决方案。

但是过于倾向于纯粹地探寻是有危险的。想一想我们中的一个人是怎么与同事谢尔盖（Sergiusz）就如何在新报告中获取用户输入进行对话的。因为杰弗里和谢尔盖都做过对话分析，所以我们可以通过一种独特的三栏对话分析法来接触两者的想法。谢尔盖和杰弗里一起写下了对话，因此，他们的想法都被记录了下来——谢尔盖的在左侧栏中，杰弗里的在右侧栏中，实际所说的内容出现在中间一栏中。

先阅读表 5-3 中间栏。

表 5-3 谢尔盖与杰弗里的对话

谢尔盖所想所感	谢尔盖与杰弗里的对话	杰弗里所想所感
我认为我们应该和罗布（Rob）开一个后续会议。但是我认为没有必要对其他人也这么做。	谢尔盖：我认为我们应该将分析结果发给罗布。他将会告诉我们是否构建了正确的事情。	我对此不能确定。我认为他对该话题很感兴趣，但是他只是众多干系人中的一个。
嗯？好吧，让我们看看这是怎么回事。	杰弗里：为何这么说？	也许有一些我不知道的事情。我没有参加早期与罗布团队的会议。
我认为他管理那些将要查阅这些报表的用户。	谢尔盖：我有印象，他的团队正在运行类似的报表，因此他会知道这些报表应该是什么样子。	我不认为他是管理人员，只是一个有兴趣且愿意发声的用户罢了。
这演变成了决斗而非讨论。我不认为这个问题是真诚的问题。	杰弗里：也有其他人对这些报表感兴趣。这个报告是为谁准备的呢？	我怀疑在罗布之上有高管做了这些决定。我不确定你已经知道该如何开始构建。我要验证我的想法并确保我们首先在客户和目标方面是一致的。

续表

谢尔盖所想所感	谢尔盖与杰弗里的对话	杰弗里所想所感
我真的不认为这是我们应该讨论的问题。我们至少要获得反馈，而不是重申报表的目的。	谢尔盖：这是为运营主管准备的，他负责维持系统稳定运行。	我有点儿迷惑且担忧。你认为他们在解决什么问题？
我不同意。但这里你是对的，我们或许可以继续决定如何获得反馈。	杰弗里：不，这是为了商业发起人准备的，就是那个控制预算的人。拿到报表后她会做什么？我们为什么要优先构建它？	你是在胡编乱造吗？你似乎根本不了解客户需求。
这太离谱了。你为什么盘问我？你是想让我难堪吗？我希望能去开会，或者去做其他更痛苦的事情。	谢尔盖：我不确定。这好像不会让她做任何不同的事情。	她不会做任何不同的事情？那我们为什么要构建它？我认为我们在这里开始不一致了。这是个让我们统一认知的好机会。很好，我可以花更多时间与你讨论这个问题。

如你所见，尽管杰弗里认为他正在通过提出一系列问题来努力实现他们对局势的相互理解，但谢尔盖感到被他误导并越来越担心杰弗里有不可告人的目的。这次对话产生了一个完全意想不到的效果：不但没有增强相互学习，反而让谢尔盖产生了不信任感和恐惧感。

我们称之为佩里·梅森陷阱（Perry Mason trap）。当我们问了一系列问题却没有解释原因或者说明我们在这些问题背后的观点时，我们就会面临这种风险：我们的对话伙伴认为我们正在准备给他们带来令人不快的惊吓，如同 20 世纪那些影视剧中的律师那样。（“啊哈！所以你承认你驾驶着一辆亮粉色的跑车，**和人们看到的那辆从案发现场快速驶离的车一样。**”）

为了避免这种陷阱，像彼得·圣吉在《第五项修炼》中所提倡的那样，要将对自己的立场的宣扬和对对话对象的立场的探寻结合起来[①]。这需要大量的练习才能熟练地做到。下面是一些实现这一困难组合的示例方法。

- “看起来我们必须削减招聘预算以应对收入的减少。你对此有不同看法吗？比如，是否有其他领域我们可以考虑削减，又或者削减预算本身就是错误的应对方式？”
- “我想知道我们有多少种方法来提供这种产品？我已经想到了两种：一种是在主屏幕上，另一种是在结账时作为附加功能。你还能想到什么其他方法？”
- “我听说我们一些客户实施工作已经落后于进度。我想知道我们是否应该推迟其中一些工作？你与交付团队关系更近，你是如何看待目前的情况的？你有什么建议吗？”

宣扬合并探寻的一个意外收获是，你也提醒自己要将自身的观察和想法包含在对话中，并在你的推断之梯中对其进行分享。在你开始寻求更好的互相学习过程时，这点非常容易被遗忘。一旦你设法使自己的观点透明，并对其他人的观点感到好奇，你就可以从你们的冲突中挖掘出更多的价值。

5.4　准备知识：联合设计

5.4.1　参与感很重要

在蛋糕粉被发明后不久，一个早期制造商[②]发现一个问题：很多

① Senge, *The Fifth Discipline: The Art and Practice of the Learning Organization*, 185.

② 虽然人们通常认为这家公司是邓肯·海因斯（Duncan Hines）公司，但最新的研究表明，匹兹堡的 P.达夫（P. Duff）父子的公司才是真正第一个生产该产品的公司。具体可以参见 Park, “A History of Cake Mix”。

家庭主妇[①]**不愿意购买**蛋糕粉。他们的高管觉得这非常奇怪，**明明往蛋糕粉里加水就可以完成的事情，为何却有人选择称重、筛分和搅拌那一套乱糟糟的过程**？

这让该公司踌躇了好一会儿，直到有人想出了聪明的主意，直接去**询问**了一些客户。客户发现蛋糕粉**太简单**了，简单到只有一个操作步骤，简单到无法让人感觉到自己在做烘焙。客户想要感受到为家人烘制甜美可口的糕点的自豪感，而一旦使用了蛋糕粉，他们就失去了参与其中的感觉。他们觉得还不如去蛋糕店直接买一块蛋糕[②]。

解决方案也很明显：将蛋粉从配方中移除，从而要求客户自己动手将鸡蛋搅匀后拌入蛋糕粉中。产品外包中那句醒目的“自己亲手加入鸡蛋”标语给了客户足够的参与感和掌控感，让客户重拾烘焙的感觉，然后该产品的销量一飞冲天[③]。

5.4.2 做出更好的决定

我们经常看到团队在中央集权的、非协商性的环境中，就流程、估算、工具、预算甚至员工座位安排来做出决策。领导致力于高效、准确地做出关键的决策，然后将其传递给团队，并希望团队接受且严格执行新计划。通常结局与上面蛋糕粉的案例一样，员工的反应肯定不那么积极，最多勉强同意，甚至还会直接拒绝。当这涉及最根本的

---

① 为我们性别化的语言道歉。当时是 20 世纪中叶，那时候大多数的蛋糕烘焙师实际上都是家庭主妇。而这就是当时营销人员讨论客户的方式，具体参见“Duff and Dietrich, Dehydrated flour mix”。

② Gerald M. Weinberg, *The Secrets of Consulting: A Guide to Giving and Getting Advice Successfully*, 177.

③ 虽然这个故事众所周知，但我们还是要感谢杰拉尔德 · 温伯格（Gerald Weinberg）在《咨询的奥秘：寻求和提出建议的智慧》一书中的这个版本，以及“自己亲手加入鸡蛋”这一令人难忘的标语。具体参见 Gerald M. Weinberg, *The Secrets of Consulting: A Guide to Giving and Getting Advice Successfully*, 177.

决策，也就是定义“团队动机是什么”时，这就是一场灾难。

相反，如果使用了联合设计的过程，则无论决策大小都会邀请团队成员参与并表达自己的观点。下面是对该过程的描述：

- 让尽可能多的人参与进来；
- 提出真诚的问题（详见第 2 章）；
- 征求反对意见；
- 为讨论设定时间盒；
- 确定并告知谁将做出决策（称为**决策规则**[①]）。

首先我们看到，5.3 节谈到的“利益而非立场”以及“宣扬附加探寻”两项技术，对你的**联合设计**的讨论非常有用。当你询问真诚的问题时，聆听并探寻答案背后的利益。当你征求反对意见时，请记得也要适当地宣扬一番自己的立场。如果你能做到这些，哪怕只是一部分，你都将帮助每个人提供有用的信息，并让其感受到自己身处讨论之中。

请注意，联合设计并非必须要达成共识。决策规则意味着并不需要每个人都同意当前的决策，甚至都不需要大多数人支持该决策。而时间盒，也就是为讨论设定的固定时长，可确保我们不会陷入无休止的争论中。联合设计的关键元素在于“认同感”（“我是讨论的一分子，我的观点被其他人所听见”）以及“信息流动”（“我可以分享我所知的内容”）。我们无数次地看到，当我们遵循这一过程时，就会做出更好的决策，并获得有意义的内部承诺。

5.4.3 为联合设计打分

为了给**双栏对话分析法**中的联合设计打分，请认真查看前文谈到的 5 点内容。每当你在讨论中看到一点时，就给自己加一分。

---

① Schwarz, “Eight Behaviors for Smarter Teams”.

5.4.4 不同形式的联合设计

有很多不同形式的联合设计。我们看到过它应用于两个人的团队，也见过它应用于200余人的团队；见过它在一个短会中使用，也见过它在持续时间为数周的会议中使用；小的决策见过，大的决策也见过。为了只演示其中的一种形式，我们回想起曾经合作过的、人数为15人的工程师团队，他们的发布流程容易出错且速度缓慢。每个人都认同一些自动化和规范是有帮助的，并且就改进后的流程形式有一个很好的设想。如果只是由我们作为咨询师，简单地设计一个新的部署协议并加以实施，那真是太容易了。

相反我们记得蛋糕粉的教训，所以我们将团队成员聚集在一起，在白板上将当前流程画了出来，并将有分歧的和低效的部分用红色马克笔框出来。我们设置了一个定时器，并做了如下声明：

“这是当前发布流程，这里是你们告诉我们工作不顺利的地方。在接下来的20分钟内，我们将会听取所有的修改建议。我们会使用白板擦和马克笔来进行相应的修改。当时间到了，不论白板内容为何，我们都会将其发布为新的发布流程，并要求你们试用。如果结果是一场灾难，我们将在两周后请大家喝啤酒。谁愿意先开始？”

想法开始泉涌，出现了很多我们之前从未有过的想法，出现了很多我们之前毫无所知的工具，也从QA、系统管理员等专家处获得了很多情景信息。此外，事实证明我们没有正确理解现有流程，我们必须在图中添加几个步骤才能使其正常工作。只过了几分钟，我们就在白板上得到了远超我们闭门造车的设计成果，并且每个人都感觉自己参与其中。他们满腔热情地实现了新系统，且其远比老系统平滑、错误更少，我们也无须请大家喝啤酒。

我们相信“躬身入局”对成功决定团队的动机至关重要。现在让我们看看它是如何工作的。

5.5 对话：构建动机

团队通常情况下是如何定义他们的目的、决定他们的战略，或者启动一项重大的转型的？在我们的经验中，这通常是董事会、一小群领导者或者几个高管要解决的任务。他们先是通过某种方式聚集（在董事会办公室或者公司外其他地点），然后经过争论、辩论和深思熟虑后，提交一份使命宣言、路线图或价值观的定义。

如果你一直在关注之前几个章节的内容，你可能不会因为我们对这种方法的效果表示怀疑而感到惊讶。首先，决策团队很有可能缺乏一些被其他人员掌握的重要信息，因此他们的决策非常有可能在某些重要的方面有所欠缺。此外更重要的是，组织的其他成员对这样的决策几乎没有投入任何精力，所以他们很容易忽视相关决定，或者阳奉阴违。这也使得这样的决策很难成为一个有动力的、大力倡导的**动机**。

问题是，除了让人望而生畏的会议外，没有其他明显的实用替代方案。决策小组应该就其任务进行投票吗？持续讨论直到达成共识？随机选择一个方案？一旦组织中的人数超过两三个，这些方案很快就会变得笨拙且效率低下。

正如我们先前所说，无论你的团队大小，我们都提倡在动机对话中使用**联合设计**方法。我们应该尽可能地包容别人、征求反对意见，并通过真诚的问题来将“宣扬附加探寻”结合起来。同时还要设定决策规则，并为讨论设定适当的时间限制。

这看起来像什么呢？好吧，想象我们的一个客户，他们的公司在快速扩张后开始着手使用动机对话设定新的价值导向，组织重新设定公司方向的总体目标，从而满足新的增长阶段的需求，并解释了计划扩张背后的商业驱动因素。然后他们投入了大量精力对每个人进行民意调查以了解他们的观点。这对一个包含诸多新员工且涵盖多个办公地点的小型人力资源团队来说是个不小的成就。最终他们形成了一份超过 100 个价值理念的列表，员工参与率超过 60%。随后小组成员在引导提问并确保每个人的观点都被聆听的情况下，对价值观进行了讨论。经过一段时间讨论后，董事会召开会议，审查了主导思想，并为公司选择了 3 个价值观。这些价值观得到了员工热情的响应。

与此同时，公司内部密切合作的两名产品经理也在重塑自己的动机。在我遇到他们之前，两人一直在扮演功能工厂接单员的角色（详见第 1 章），将高管的要求传递给研发人员。这个过程中他们没有，或者仅仅是浅尝辄止地对功能进行筛选、对客户信息进行反馈。在我们温柔的鼓励和大量真诚的问题的帮助下，他们发现原来自己想要扮演的是更具指导性的角色。

有趣的是，通过让研发人员和干系人参与其中并倾听他们各自的利益的方式，两位产品经理发现积极参与功能筛选和产品方向制定也正是各自团队和管理者所希望看到的。他们只花了一两周的时间，就开始使用他们的新目标来明确，并专注于新的产品方向。公司动机中全面更新的价值观和目的、更加清晰的产品动机和产品经理的个人动机的结合，导致了更短的研发周期、大幅增加的客户反馈，并在不到一个月的时间内推出了新产品。

5.6　博比的动机故事（续）

5.6.1　反思与修订

是时候通过我与达赖厄斯的对话评分来进行反思了。我提了两个问题，但都是引导性而非真诚的问题，因为我一直试图让他接受我所说的“调整工作时间”的观点。我没有分享我对达赖厄斯和他的团队的负面看法，即使当我最终感到崩溃时也没说。当我认为有人无视我或者拒绝沟通时，我的反应真的很糟糕，就如同我跟达赖厄斯在早期沟通时那样。那就是我应该注意的本能反应或者诱因。

谈到联合设计，我可以因时间盒给自己加 1 分，但由于我选择的沟通时间不是很好，因此导致了讨论的自然中止。但是我没有在其他方面得到分数：我本可以将达赖厄斯团队的其他成员拉入讨论；我已经注意到我没有询问真诚的问题；我完全忽视了达赖厄斯关于文档的意见；我们也可能没有一个达成一致的决策规则，因为我最终觉得需要将问题上升给 CEO。5 分中我只得到了 1 分，这并不是很好。

为了修订我的对话，我绝对应该更有好奇心，并且找出达赖厄斯真正的观点。如果我能让他敞开心扉，我们也许可以得到更好的结果。当然，如果当我感到对方拒绝沟通时我能避免大喊大叫，那将会更有帮助。理解达赖厄斯的动机也会很有用，比如为什么他坚定地反对增加沟通呢？

5.6.2 修订后的对话

我飞去见了达赖厄斯，因为面对面沟通将会得到更好的对话。在飞机上，我努力用我的修订后的对话对双方进行角色扮演。抵达后，我尝试将达赖厄斯团队的成员也拉入我们的讨论中，但是他告诉我其他人来不了。我很担心我们又会因再一次的争吵而让我本次行程徒劳无功。

先阅读表 5-4 右侧栏，然后回到开头从右向左读。

表 5-4 修订后的博比与达赖厄斯的对话

博比所想所感	博比与达赖厄斯的对话
这在我看来理所应当，但是让我们确认达赖厄斯就该问题的看法与我一致。	博比：达赖厄斯，你是否同意我们在软硬件工作配合上有一些问题呢？
好的，我们都同意有些事情不对。	达赖厄斯：当然。在经历了 3 个月的合作后，我们依然没有能够发布新的产品。
我将要分享我的立场，这样我们才能就此进行讨论。	博比：确实如此。很长一段时间以来，我的立场都是我们之间需要更多的沟通。
一直以来这里的每个人都这么说。到底为什么它会如此困难？	达赖厄斯：我知道，但是你看起来并不了解这对我们非常困难。
	博比：是工作时间不同导致的吗？
啊！我从来没有意识到语言会是障碍。他的观点是对的，他们的英文水平非常差，但是我认为他们想要改进。我相信这就是为何他不让团队人员参会的原因。	达赖厄斯：并不是。我们可以而且经常按照你的日程安排工作。但是除我之外的大多数人，他们很少说英文。
让我们确认已经清晰地理解了达赖厄斯的立场。	博比：所以你的观点是，我们应该避免面对面的讨论。不让其他人参加这场会议是否也是基于该点考虑？
这不是我第一次听到这些内容。	达赖厄斯：对。如果我们不能理解你的意思，再多的沟通也毫无意义。只需要将详尽的规格说明书发给我们，我们就会将它们构建出来。
让我们尝试明白隐藏在达赖厄斯立场背后的利益。	博比：我们已经在尝试这么做了，但是看起来好像没有效果。告诉我，为什么你说“给我规格说明书就好”？这么做会有什么好处呢？

续表

博比所想所感	博比与达赖厄斯的对话
很好，我非常认同这个观点。	达赖厄斯：我们可以在文档的帮助下，尽可能高效地进行硬件构建。
	博比：我对此没有异议。看起来我们都对高效工作有着浓厚的兴趣。对吗？
她当然关注效率，在这个国家组建团队本就是她的注意，因为硬件团队可以距离工厂很近。	达赖厄斯：当然！我们的 CEO 除此之外不会谈论其他内容。
我突然有了一个想法，这对达赖厄斯来说是否可行呢？	博比：嗯。如果规格说明书更加易读，这是否能带来高效的工作呢？
听起来更好的规格说明书实际上会更加高效。	达赖厄斯：当然。我们浪费了很多时间来争论需求到底是什么意思。但是我们如何能做到你说的那一点呢？
我们也许被迫继续使用书面交流，但如果有一名翻译人员，我们可以在互相理解方面消除一大障碍。	博比：嗯，我正在考虑雇佣一名技术翻译人员来将文档翻译成你们的语言。
噢，听起来也满足了我的利益。	达赖厄斯：我喜欢这个想法。翻译人员还可以帮着我们在视频会议时理解你的意思。
	博比：我还没有想到这个场景，但它是一个好主意。要不要我们共同编写招聘信息？

我们在效率方面达成了共识，我们共同的动机是高效地构建产品。一旦聚焦于此，我们就找到了一个充满创造力的方法来解决影响我们双方利益的沟通难题。翻译人员当前对我们助益良多，我们也找到了一个说硬件团队所说语言的工程师，而她也同时在教授我们如何去掌握硬件团队所说的语言。

5.7　动机对话案例

5.7.1　特雷莎与技术团队：选择聚焦点

特雷莎（Theresa）说："我是一个团队新聘的工程负责人，坦率地说，该团队已经偏离轨道有一段时间了。公司需要他们开始交付业务重点工作，而我需要他们在新方向上达成内部承诺。"

"我决定与研发人员和产品经理召开一场动机对话，以商定并联合设计未来的前进方向。"

先阅读表 5-5 右侧栏，然后回到开头从右向左读。

表 5-5　特雷莎与技术团队的对话

特雷莎所想所感	特雷莎与技术团队的对话
我以告知基本规则作为开始：我需要每个人的信息流，并在最终得到一个明确的决策。	特雷莎：感谢各位参会。在接下来的一个小时内，我们将设定我们的团队方向。我希望每个人都参与并贡献自己的想法，我可能在需要的情况下会参与到决策中。时间到了后，无论白板上是什么，它都将是我们下个月的工作方向。我说清楚了吗？
	工程师：是的，明白了。 产品经理：好的。
让我们在一开始就让团队参与到话题设置中。	特雷莎：好的，我与产品经理一起合作，为大家准备了这些便笺纸，描述了我们可能要处理的各种工作。首先请看一下所有的便笺纸，并告诉我是否有内容是不值得处理的？如果有任何其他重要的内容被遗漏，也请各位用便笺纸补上。

续表

特雷莎所想所感	特雷莎与技术团队的对话
说得好！很高兴他参与其中了。	帕特里克：我们漏了单点登录。
	特雷莎：请把它加上去。还有吗？
我同意，但是我可能漏了什么，尤其是我才刚刚加入团队。	昆廷（Quentin）：自动化测试虽然在，但是它不应该是编程的常规组成部分吗？它不应该是一个项目吧？
宣扬附加探寻看起来在这里很有效。	特雷莎：我倾向于同意你的观点，但是其他人怎么看？我看到有人点头，那我将它移除了。还有其他想法吗？
很棒的观察。很高兴她也参与其中了。	罗伯塔（Roberta）：这 3 个可用性变更基本上是一样的。
让我们转向将内容分类。	特雷莎：你真的非常善于观察。让我们把它们归到“可用性”的分类下吧！还有哪些分类是有意义的呢？
	（接下来的几分钟，出现了 6 个分类）
在我们这个小团队中，处理的工作不要超过 3 个领域，这是我想明确设定的限制。在我看来，我们确实需要改进可用性来阻止客户流失，但是我真的对其他人的想法很感兴趣。	特雷莎：我想要在下个月只聚焦于这些分类中的 3 个，因为我们的工作容量是有限的。我觉得可用性至关重要，但是对其他两个没有特别的倾向。你们会选择哪 3 个呢？如果你的观点与我不同，我将非常有兴趣听听你的想法。
	萨姆（Sam）：我选择自动化、新数据导入和定价简化。这 3 个都能降低运营成本。 罗伯塔：为什么没有可用性？ 萨姆：很简单，因为它不会带来任何费用减少。
我开始好奇了。是否有一些我不知道的需要降低成本的有力理由？	特雷莎：其他人怎么想？这个月我们要考虑的是成本问题吗？

续表

特雷莎所想所感	特雷莎与技术团队的对话
这也是我的看法。我想知道是否有人不同意这点。	帕特里克：我不这么认为。降低成本很重要，但是我们需要更多的收入。
嗯。我们刚刚筹集了 100 万美元。我不确定他的观点是否正确。	萨姆：我们总是需要节约现金。公司不能只靠员工信仰而运营下去。 罗伯塔：CEO 昨天说我们需要找寻潜在用户，只有当潜在用户不会因为糟糕的可用性和过多的点击感到崩溃时，他们才可能转化为付费用户。
是时候做出裁决并让我们走上正轨了。	特雷莎：这是一场很好的讨论，我很高兴我们正在进行讨论。我要介入并且对萨姆说“抱歉”。纯粹的减少费用措施，比如自动化这种工作，不会纳入本月的方向（我移除了“自动化”那张便笺纸）。我们首先追求的是新用户，我们愿意承担一些令人感到不快的费用来达到目的。
	昆廷：那数据导入呢？这有助于转化客户，同时也让实施人员的安装过程更加平滑。 特雷莎：非常好的切入点。萨姆，你怎么想呢？

特雷莎以这样的方式使会议持续了整整一个小时。尽管最终不是每个人都同意，但是他们都理解了团队选择背后的动机。所有人都愿意聚焦于白板上剩下的 3 个领域工作。虽然他们有不同意见，但是他们都理解为何其他领域的工作暂时被移除。特雷莎用真诚的问题结合“宣扬附加探寻”来确保信息自由流动，并且每个人都参与其中。时间限制和一开始就阐明的决策规则确保了及时的决策。现在，团队已经为构建做好了准备。

5.7.2 特伦斯、巴里和维克托：改变产品方向

特伦斯（Terrence）说："我是我们在线休闲游戏产品线的产品经理。我刚刚向我们的管理团队演示了一个开发新游戏的计划。CEO 和首席设计师，也就是巴里（Barry）和维克托（Victor），一直待在房间里与我深入交流。这可不太妙……"

5.7.3 特伦斯、巴里以及维克托的对话

先阅读表 5-6 右侧栏，然后回到开头从右向左读。

表 5-6 特伦斯、巴里以及维克托的对话

特伦斯所想所感	特伦斯、巴里以及维克托的对话
我想你告诉过我想把流程弄得简单一些。	维克托：我们不该将研发新游戏的流程自动化。
我不指望巴里同意，但事态有点儿严重啊。	巴里：是的，你的计划正在危害可玩性和质量。
我准备通过"宣扬附加探寻"来应对当前情况。	特伦斯：等一下，我有点儿迷惑。我认为一个更加简单的产品设计体验会帮助我们更好地迭代产品。我是否遗漏了什么内容？
	维克托：我们当然想要一个更好的设计流程，但是并非通过一个按钮一步就部署整个游戏。
我要继续问询。他们的利益到底是什么？	特伦斯：我还是很迷惑。这个游戏没有上线给真实用户使用，仅仅是在内部发布。这不会帮助我们更快地测试和改进吗？

续表

特伦斯所想所感	特伦斯、巴里以及维克托的对话
啊，问题在这里。	巴里：是的，但是该流程中对我们来说重要的部分是故事板和离线试验[①]。你的按钮将会鼓励美术师和开发人员过早地提交代码和设计。
我不认为设计师想要离线工作。	特伦斯：明白了。所以当前的流程比它应有的速度要慢，但是你认为这种慢有其价值。
	维克托：对的。在早期，我们需要感受一下游戏。
	巴里：一旦我们认可了它的创意，然后我们就可以加速并自动化了。
让我来检查一下我的理解。他们的确需要自动化，但是只针对运营人员而非设计师，这样理解对吗？	特伦斯：我想我明白了。我们在消除部署新游戏所设计的机械式工作方面有着相同的诉求。但是对最初需要创意的步骤需要保持线下确认并不断调整。
	维克托：就是这样。我们与竞争对手的不同在于，我们花时间进行了设计，而不像竞争对手那样每周出两三个垃圾游戏。
原来如此。我遗漏了离线工作的必要性，但是我对自动化的价值认知是对的。	巴里：我首先要说的是，我们应该减少成本和延误。但不能通过削减乐趣和原创性来达成这个目的。
让我尝试提出一种解决方案。这是否与我们刚刚达成一致的自动化可用场景相匹配？	特伦斯：我特别赞同质量高于数量。我们是否只在运营阶段而非创意阶段使用新的部署机制呢？
	维克托：我没有问题。不要让设计师碰触到它就行了。

① 离线试验是一种允许团队针对给定问题快速迭代不同的解决方案的做法。它比 A/B 测试（一种随机测试，即将 A 和 B 进行假设比较，从而测试一个变量的两个不同版本的差异）更快且更便宜，而且通常可以比用户体验研究提供更多且不同的信息。——译者注

续表

特伦斯所想所感	特伦斯、巴里以及维克托的对话
巴里接受了在不降低质量的情况下缩减成本。	巴里：自动化将节省系统管理员运行脚本所浪费的大量精力，对吗？
	特伦斯：完全正确。我将在今天下午给你一个修订后的计划。

特伦斯原以为他与高管就动机问题达成了一致，但是突然发现不是这么回事儿。他聚焦于共同利益并且持续将宣扬附加探寻结合使用，最终发现了不一致的来源。然后这3人可以借由“自动化适合在游戏设计过程中哪些场景使用”的共识再次达成一致。

5.8 案例学习：坚持关注动机

5.8.1 知识的海洋

米歇尔正在数据的海洋中遨游。在一家只有几个客户的小创业公司工作几年后，她加入了一支团队，该团队工作于世界上最大的一个市场，在全球拥有数百万用户。不用哄骗用户参加研究会议，也不用在中午的时候听天由命地发布新的功能，现在的她可以简单地深入挖掘数据，并通过真实点击量以及用户的真实购买量来找寻改进机会。

在为期一周的培训结束后的几天，她开始研究所提供的各种产品。正如你所猜想的那样，在卖场式的零售服务中，一些“巨无霸”产品很受欢迎，而一些“长尾”产品则不那么受欢迎。“长尾”产品很少被单独购买，但是总量上却让“巨无霸”产品相形见绌。随着各种模式和假设在脑海中涌现，她一遍又一遍地对产品数据库进行归类和查询。

与此同时，她开始了解她的团队，那是一个拥有诸多经验丰富的工程师的小团队。虽然她刚刚认识他们不久，但是她可以看出团队成员关系密切且运作良好，并具有很高的信任度和较低的恐惧感。实际上，虽然他们的服务知名度很高，但是她依然惊讶地看到他们勇敢地对核心组件（比如推荐引擎）进行实质性的改变。他们愿意不断尝试，如果失败就立马回滚服务。她想："这就是我喜欢的地方！我真的可以很快地做出一些改进措施。"

5.8.2　预期之外的挑战

几乎在米歇尔运行的每一个查询结果中，都有一个假设跃然眼前：她很肯定他们的产品中有很多重复信息。毕竟他们的产品信息都是由普通用户输入的，且只有很简单的验证规则。而且一个人口中的"红色"很有可能是另一个人口中的"酒红色"或者"樱桃色"。但是米歇尔很难从本地聚合数据库中通过查询确认这一点，她需要一个工程师在大型服务器集群上编写并运行一个功能，以核实她对真实环境中 PB 级数据集的假设。如果该假设为真，它将带来很多机会，可以通过更有效的营销策略和推荐策略来组合产品以及大幅提高销售额。于是她充满自信地走向工程师的座位。

"嘿，艾伦（Alan）!"她对一个正在吃午餐、看起来最容易被打扰的研发人员说，"我想要跑一个大型查询来找寻重复产品，这里是我在本地数据库的做法。你可以将这个需求放入你的待办事项并且在本周迟一些时候将结果给我吗？"

艾伦停止咀嚼并用怀疑的眼光端详米歇尔，然后开口问道："为什么？"

米歇尔回复："好吧，如果我们能将重复的产品合并，推荐系统将会……"

艾伦打断她："这不是我要的答案。我问的是'动机'。"

"我正尝试告诉你。一旦我们知道哪些产品是重复的，我们就可以将之合并，然后……"

艾伦向她挥舞手中的比萨，她停了下来，满心疑惑，随即说："我不认为你想听我说话。我只是想告诉你为何我们需要探究重复的产品。只要我们知道这些信息，我们就可以修复这个问题。这不是很明显吗？"

艾伦说："不是这样的。在你告诉我为什么这件事情值得做之前，我是不会处理该工作的。"说完这些话，他吃完最后一口比萨，打开他的编辑器并开始编码，对话也因此戛然而止。

米歇尔很震惊。从未有研发人员如此直接地挑战她。但当她回头思考时，她不得不说艾伦是对的。她确实无法准确告诉艾伦为何合并重复产品比当前艾伦在做的其他工作更有价值，那只是对她来说看起来是正确的。她决心找出并给他一个令人信服的理由。

5.8.3　得动机者得天下

米歇尔返回座位并开始思考艾伦的问题。**"应该没有人会故意设计一个拥有重复信息的系统，对吧？但有人认为这些无心之过导致重复是无害的，或者相较其他我们可以解决的问题而言，这种重复对销售带来的影响要小一些。如果没有工程师帮助，我就无法查询到实际情况。我该如何证明重复带来的影响远超估计呢？"**

然后一个想法跳入脑海：前 50 的"巨无霸"产品占据了市场收入很高的百分比，由于这些信息很重要，米歇尔在自己的计算机上就有这些销售数据。如果这些产品中的某些正在饱受重复产品之苦呢？

在纸上的快速计算证实了米歇尔的猜测：即使对重复率进行非常保守的估算，仅仅将几个最受欢迎的产品进行去重，就能产生超过团队整个季度目标的收益。

她冲回艾伦旁边，并将数据扔在他的键盘上。“快看，这就是为何我们需要这个查询。”她大声说。

艾伦看了一下计算结果后转向米歇尔，充满惊讶地问：“你确定数据是正确的吗？为什么我们还没有开始研究这个？”

米歇尔回答：“我认为没人会想到来检查这个数据。我解释得够清楚了吗？”

艾伦露齿而笑：“当然可以！我会停止现有项目，并在今天结束前运行这条查询。”

事实证明，艾伦不仅发现了大量重复记录，还发现了一些可以快速解决重复的方法。工程师从各个方面投入编码、测试和部署这些变更中，这对收入和客户满意度产生了直接的影响。该公司现在有一个完整团队致力于去重工作，确保米歇尔和艾伦预想的收益得到保障。而这一切都因为米歇尔和艾伦能够找到一个令人兴奋且鼓舞人心的动机。

5.9 结论时间：应用动机对话

在本章中，你学到了如何将关注点从**立场**转移到**利益**，从而为沟通建立对话基础；学到了如何通过**宣扬附加探寻**，以透明度和好奇心来推进对话；学到了如何与你的团队**联合设计**决策；以及如何使用上述技术来与你的团队共同确定可以在团队内部达成承诺的激励性动机。通过共同设计的动机，你和你的同事将可以进行有价值的碰撞而不是无休止的辩论，这也是你进行对话转型的关键步骤。你可以通过多种方式使用**动机对话**。

- 作为**高管**，你可以探索技术或产品对团队目标和组织目标的贡献，而这些正是你之前所没考虑到的。
- 作为**团队负责人**，你可以为团队提供有效的指导，如采用哪些技术捷径或优先考虑哪些功能，使用商定一致且充分被理解的团队和公司目标来解释你的决策。
- 作为**团队成员**，你可以将自己在测试、部署和编码方面的经验用于改变团队的流程或方向上，通过你和其他人的内部承诺做出更好的决策。

第 6 章　承诺对话

本章开始，我们将首次讨论如何更好地执行工作。使用本章介绍的工具将使你的团队做出有效的、可靠的承诺。在诊断一个有问题的团队时，执行力通常是我们听到的第一个问题。“我们的流程很臃肿，拖慢了我们的速度。”“用户已经好几个月没有看到改进了。”“我们只是没有完成多少工作。”那么，为什么我们等了这么久才来解决这个问题？

正如我们将详细解释的那样，原因是如果你还没有建立信任、减少恐惧，并就动机达成一致，执行只会让你更快地到达错误的目的地。这正是我们在第 1 章中讨论的软件工厂的失败模式，即详细的计划和严格的责任分工给人以控制和精确的错觉，但实际的交付能力却远低于团队的潜力。究其原因，这些团队缺少了一些核心要素。高管们对计划看起来如此精确却无法完成感到困惑；团队负责人努力想要达成无法向团队解释的、不可能达成的最后期限；团队成员被迫工作到很晚，或者周末加班，甚至有人因此而跳槽为新东家工作。

好消息是，通过应用我们迄今为止所学的内容，你现在可以使用本章中的技术做出有效、可信的承诺，这些承诺将受到充满热情且自主的团队的欢迎。将这些方法添加到你的个人对话工具箱后，你将能够完成下述工作内容。

- 识别关键词和短句，并就**这些关键要素的含义达成一致**，确保每个人以相同的方式理解团队承诺。
- 使用**系统骨架**（walking skeleton）来为一系列承诺提供框架，并展示每项承诺的进展情况。
- 结合使用这些技术与前文所介绍的工具和技术，在避免常见陷阱的同时，**就你们的承诺达成一致**。

6.1 屈从与承诺

“我真的很喜欢我们能够在做出承诺之前明确范围，并研究新工具。”我们认识的一个团队的系统管理员比安卡（Bianca），在回顾她的团队安装一个新的容器管理系统时如是说。该系统已经在最小的停机时间内完成了实施。“我们知道我们必须做什么，我们也知道我们将如何处理它。这使我们能够致力于交付，因为新系统非常出色。”

卡洛斯，一名来自其他团队的研发人员，对他的领导采用敏捷方法的举措没有信心。他说：“他们说希望改变我们的工作方法，但是他们真正关注的只是如何在最后期限内完成任务。我们现在会像他们要求的那样工作，但几个月后就会有一些危机，所有这些敏捷的东西都会消失。”卡洛斯正在按计划参加结对编程、测试和估算培训，但并不打算真正地改变他日常的工作习惯。

我们能从比安卡的评论中看出，她自己就是成功的**承诺对话**的一部分。在这场对话中，每个人都创造并致力于一个共同的定义，即“完成”一个项目意味着什么，以及如何实现这一目标。然而卡洛斯却没有给出任何承诺。比安卡知道自己在干什么，也知道她参与了“切换容器管理系统的决策”的制定。而卡洛斯的经理只是做出决策并下达使用敏捷方法的命令。比安卡支持所在团队的新流程，而卡洛斯只是在等到他不再需要遵循新流程罢了。

我们总是能听到“承诺”。通常一个团队会对截止日期做出承诺，但也有很多其他类型的承诺。一个高管可能会要求她所管理的部门就抽象的理想和价值观做出承诺，比如专业精神或者诚信。监管机构也会要求公司就具体行动做出承诺，比如在 5 个工作日内为运行过程编写文档。我们自己也经常问别人是否愿意“敢于谏言、服从大局”。为什么这些行动都需要承诺呢？

因为我们希望避免产生另一种行为，即“屈从”。

屈从就是按照要求做事。乍一看，这不是一个坏事。毕竟在很多工作地点，屈从就是期望的行为，它可以让稳定有效的流程保持平稳运行。然而，当过程不稳定时、当需要创造力时、当团队需要识别和克服未知的障碍时，也就是当你需要通过接受新的挑战来创造新的商业价值时，屈从就会失效了。而敏捷、精益和 DevOps 软件开发方法正是为了解决这些屈从失效的场景而被设计出来的。

没有承诺的屈从只是为了走过场。从外部无法看出其与承诺的差异，但是内部人员知道有些东西缺失了。屈从只做表面功夫，而承诺是让你全身心投入。屈从是为了填补空缺，承诺是让你一同参与。对日常例行性工作而言，屈从就够了。如果你的目的涉及产生变革、提升与改进、走向卓越，屈从就不够了，因为这是承诺的主场。

承诺从哪里来？个人可能因为很多个人原因做出承诺，有时承诺是因为某些个人经历而产生的。杰弗里曾经给某个研发人员做过测试方面的培训，她说她学习测试技能的动力是她可以在周五时准时回家，而不是直到最后一分钟还在修复错误。对另一些人来说，这是一个掌握技能的问题：他们相信某项技能是成为称职专业人员的一部分，因此他们被驱使去掌握这项技能。这些特殊的个人承诺来源很重要，但就其性质而言，难以对其计划或对其产生依赖。团队中的每个人甚至大多数人都不可能以这些方式做出承诺。好消息是，有一个非常成功的方法来寻求每个团队和每个人的承诺：我们可以在**承诺对话**中要求承诺，就像我们在本章中要解释的那样。

成功的**承诺对话**基于迄今为止我们谈论过的其他对话，详情如下。

如果你的团队具有**低信任度**，他们的行为和卡洛斯的很像，只是跟着流程做但不改变任何事情。如果没有与要求你做出承诺的人在想法上达成一致，卡洛斯就会默认出现愤世嫉俗的信念和徒劳的行为。他说："如果我们努力工作以达成这个结果，下次他们只会要求我们更加努力。"

如果团队对未履行承诺的后果怀有**极度恐惧**，他们就会表现得极度厌恶风险且不折不扣地执行命令。毕竟如果事情没有做好，那也不是他们的错，只能说其他人告诉他们的做事方法不管用而已。对选择这条心理防线的人来说，微观管理者会是一个完美的解决方案——一个喜欢给出事无巨细的命令，一个喜欢被准确告知要做什么。这种做法的结果通常都不那么让人印象深刻，但它却是一条让人感觉舒适的灾难之路。

如果你的团队被排除在为承诺**描绘动机之外**，团队将不会完全理解或者真的相信该承诺。如果没有机会将提案放到台面上，找到它的所有弱点和极端案例，他们为什么要相信这是一个能够在未来的困境中生存并取得成果的计划呢？他们说："更安全的做法是，顺从管理层的意见，然后静静等待它的失败。”

但如果你克服了这些障碍，你就已经为承诺对话做好了准备。

6.2 曼迪的承诺故事

我是曼迪，在一家中型软件公司任产品经理一职。我们技术娴熟的开发者关系团队在构建一个新的 API①，而市场人员非常乐意销售该产品。在最新的冲刺计划会中，我试图让团队预估一个交付日期以帮助开展市场营销活动，但结果我却搞砸了。我认为应该尝试记录其中的一个对话，并且通过分析它来帮助我和我的团队就固定截止时间的问题达成一致并形成承诺。

曼迪与研发人员的对话

先阅读表 6-1 右侧栏，然后回到开头从右向左读。

表 6-1 曼迪与研发人员的对话

曼迪所想所感	曼迪与研发人员的对话
每个人都在等着它！之前的版本真的太老了。	曼迪：好的。我们下一个需要估算的工作是这个 API 的第二个版本。
听起来不妙。	齐克（Zeke）：这个没法估算。
我本来指望在营销活动之前就能得到这个东西。这是否意味着有风险呢？	曼迪：真的吗？我以为我们计划在这个冲刺中完成它呢。
这毫无意义。	泽维尔（Xavier）：看起来不太可能。首先，我们刚刚发现底层数据无法通过验证。

① 全称是 application program interface，应用程序接口，一种让程序员可以与我们提供的服务自动交互的方法。——译者注

续表

曼迪所想所感	曼迪与研发人员的对话
如果所有客户都在用的话，数据就不会有问题。	曼迪：真的吗？那第一个版本是怎么运行的呢？
我不太确定客户是否真的需要我们在新的 API 中提供完全有效的数据，他们中的很多人已经有了数据清理脚本。	沃尔特（Walter）：之前的版本不保证有效性，但第二个版本需要保证。
我以为第二个版本只是一个预期的清理工作。为何会更复杂呢？	泽维尔：还有很多复杂测试用例。在我们尝试运行其中的一些之前，我们无法提供估算。
也许我可以从他们那里获得某种承诺，即使它真的比我们预期的时间更长。	曼迪：那么你们认为我们什么时候能真正准备好呢？
这是不可接受的。	齐克：没法知道。有太多不确定性了。
我真的遇到问题了。没有人想听到这些。	曼迪：真的吗？我想市场部的同事不会喜欢这个结果。

我原本以为这就是一个简单的估算，就好像我们在冲刺前会议上所做的所有其他估算一样，但是我错了。团队看起来非常抵制新版本，我真的很惊讶他们认为这事儿很难完成。如果没有该项估算，市场计划将会变得一团糟。难道他们看不出我需要他们做出承诺，以便我们能够制定计划吗？

6.3 准备知识：含义共识

杰弗里认为他说得非常清晰了。“新的登录页面能在周五做好吗？”他在周一的计划会上如此问道。“当然可以。我们估计完成它需要 5 天，没有理由周五的时候完成不了。”研发人员如此回答。

下周一时，团队评估了过去一周的进展。“我发现新的登录页面没有发布到生产环境，”杰弗里说，“为什么它没有如你们预期般在周五完成呢？”

团队回答：“我们完成了计划的内容。代码已经上线了，它通过了所有的测试用例。我们只是暂时将它禁用，因为单点登录当前处于更高优先级，客户正催着我们快点完成它呢！新的登录页面已经完成，只是还没有被启用。”现在我们看到了有关承诺的经典问题：我们没有就“完成”达成一致。

团队曾经有一个非常简单的承诺对话形式，但种种原因导致杰弗里并没有适当地使用该对话。因此当他说“完成”时，他脑海里清晰地知道他的意思是什么，但是却没有收集和表达他的想法，即他到底想从承诺中得到什么。他真正想要知道的是：“我能在周五的时候，在生产环境用上这个吗？”而他说的却是“这个可以完成吗？”在这种情况下，杰弗里最好能提出一个更具体的问题，或者多问一句：“客户可以在 5 天后用到什么？”

我们建议的解决此类误解的方案是，在承诺对话之前和对话期间，非常仔细且明确地就对话内容与对话伙伴达成一致。如同罗杰·施瓦茨（Roger Schwarz）在他的 *Smart Leaders, Smarter Teams: How You and Your Team Get Unstuck to Get Results* 一书中所说，我们应该“使用具体的案例，并就重要词汇的含义达成共识[①]。”这在任何高难度对话中都是有用的，尤其是讨论承诺时更是如此。因为误解的代价可能会非常大——除非我们准确澄清了我们所承诺的内容，否则任何误解可能都要到完成时才会浮出水面，这也许是几周，甚至是几个月之后。这会浪费大量的精力。杰弗里和他的团队就出现了这种情况。

① Schwarz, *Smart Leaders, Smarter Teams: How You and Your Team Get Unstuck to Get Results*, 99.

注意，我们**并不是**说在杰弗里的案例中，团队应该就单一的、公开的“完成的定义”（definition of done，简称 DoD，一种敏捷实践，Scrum 团队尤其喜欢使用）达成一致。我们当然认为 DoD 非常有帮助，它可能确实给予了杰弗里和他的团队帮助，但是它无法保证不发生承诺理解错误。比如团队可能将“完成”定义为“通过所有单元测试，产品经理确认了所有功能，代码上了生产环境”。在这种定义下，登录页面**就**完成了。问题一如既往地出现在人与人的沟通上。在杰弗里提问的那一刻，他对“完成”的定义与研发人员的想法不同。我们知道的唯一可以揭示这种错位的方式，就是询问一些诸如“你说的‘完成’到底是什么意思”[①]之类的问题。

“完成”是一个重要的词汇，在承诺对话中，你需要讨论并澄清它的含义，但可能还有很多其他词汇也需要澄清。众所周知，要描述清楚一个复杂软件功能的目标行为会异常困难。比如价格计算，“除了花岗岩的饰面是 6 美元每平方米外，其他的都是 5 美元每平方米。会员除了在周三会享受 15%的折扣外，其他时间都享受 10%的折扣。然后……”我们非常容易遗漏某个特殊的用例或者迷失在细节中。幸运的是，我们有诸如戈伊科 · 阿季奇所提出的实例化需求[②]（specification by example，SBE）等技术，这为我们提供了一种结构化的方式，以讨论正在使用的功能的实际情况，并确保我们在如何工作方面完全一致。

而当你要求对一个过程或文化变革做出承诺时，通过使用具体的

---

① 有可靠的心理学研究表明，像“完成”这样的概念在我们的大脑中并没有得到很好的界定。只有通过实例，我们才能对其含义达成一致理解。比如，尝试去询问 10 个人“钟表是否属于家具？”会让你得到各式各样的答案。具体参见格雷戈里·墨菲（Gregory Murphy）的 *The Big Book of Concepts* 以获得更多信息。

② Adžić, *Specification by Example: How Successful Teams Deliver the Right Software.*

案例来与你要表达的含义达成一致就更加重要了。Sofar Sounds，一家在全球数百个城市举办家庭音乐会的初创型公司（以下简称“Sofar”），在如何对 DIY（do it yourself，自己动手）的含义达成一致方面就遇到了这样的困难。最初出席者会给音乐会组织者一些小钱以示支持，音乐家是不会因他们的表演获得收益的，这是一种不拘礼节的 DIY 体验。当该公司转向固定价格售票并与爱彼迎（Airbnb）合作销售门票时，它试图向极度松散的社区表达其会延续这种精神。而额外的收入允许 Sofar 向演奏者们提供一些酬劳，并为进一步推广提供资金。但是这种表达对很多艺术家来说并不具有相同的含义，他们看到自己以很低的费用演出，而他们想象中的大量门票收入却流向了公司的钱包。这似乎不是 DIY 而是 DIT（do it for them，为他们而做）。只有当 Sofar 分享了活动收入和费用的详情时，才能避免反对意见。举办音乐会的收入主要用于当地活动，如促销和改进设备，Sofar 以此表明活动仍然是 DIY 活动。有了这种共同的理解，Sofar 才能重新获得表演者对自己表演的承诺[①]。

因此，当你为承诺对话做准备时，考虑哪些词汇和概念容易被误解，并与你的团队进行明确、详细的讨论。如果需要，可以制作一份词汇表或海报，上面写上商定一致的关键词汇和短语的定义。记得在每次承诺对话开始时重新检查这些定义是否发生了变化。

为含义共识评分：共识分数

当你想要检查自己在共识上的分数时，可以在对话中将最重要的词圈出来，并确认你和对话伙伴对每个词的理解是否一致，并以此来为对话打分。这些重点词汇通常包括命名你所讨论的活动的关键元素

① Silvers, “A New Guest at Your House Show: The Middleman”.

的名词（用户、价格、偏好、订阅），以及描述这些元素如何互动的动词和形容词（安全、有效、认证、购买）。创建一个分数，显示所有的重点词汇（分母）中有多少是具有确定的、相同认知含义的重点词汇（分子），最终结果展示如下。

$$\frac{\text{具有确定的、相同认知含义的重点词汇}}{\text{所有的重点词汇}}$$

6.4 准备知识：系统骨架

许诺（promise）是一件简单的事情，你可以轻易许下诺言，也可以轻易打破诺言。承诺不仅仅是许诺，它是你带着信念和知识做出的并且以创造性和技巧执行的东西。如果你能做到两件事情，你将可以做出更加有力、更加有信心的承诺：保持每个承诺尽可能小，以及使用框架从而可以一次次地完成你的承诺。系统骨架就是为你带来这些优势的技术。

阿利斯泰尔·科伯恩于 20 世纪 90 年代将他在早期迭代交付的团队中观察到的一种重复模式命名为“系统骨架”。正如他在《敏捷软件开发》中所说，一位项目设计师告诉他如下这个故事。

我们有一个大型项目要做，其中包括在一个环路上互相传递消息的系统。我和另一位技术负责人决定，我们应该在第一周内将这些系统连接在一起，这样它们就可以在环路上传递单一的空消息。这样一来，我们至少确保让环路正常运转。

然后我们要求，在每周结束时，无论本周开发了哪些新的消息类别及其对应的处理程序，都要保证环路是完整的，可以无障碍地传递前几周的所有消息。这样，我们就能以一种可控的方式开发系统，并使不同团队间保持同步[①]。

在这里，承载消息的环路就是**系统骨架**。像一个真正的骨架那样，它为系统提供了一个有意义的结构，你可以从中分辨出最终想要的形式。你可以看着一个骨架，即使你无法准确说出它们所属的具体物种，你也可以立即分辨出它属于鱼还是青蛙。从上面对环路的描述，你可以很快确定它将会包含一些网络通信功能。与真实骨架不同，环路系统是可用的，因为它真的在执行传递消息的功能，即使最初只是一些微不足道的消息。

由于系统骨架这两个特征，即它的结构性和功能性，它提供了一种描述承诺的语言和一种交付机制："周五我将让付款信息可以通过环路传递，虽然这些消息可能没有被验证。"它也让团队保证每次提交的变更都很小且立即可交付。你可以从一个空消息开始，然后逐渐增加内容和额外的类型与分发路由，直到你完成最终的系统。

在现代软件设计中，系统骨架通常表现为一个浏览器中的客户端界面，它可以与一个具有数据库的非常简单的后端系统进行通信，并与第三方进行适当的集成工作。比如，总部位于伦敦的初创型公司 Unmade 通过与零售和制造业集成的软件，协助服装公司提供可定制的服装。在最近的项目中，他们的系统骨架是一个简陋到只有零星几个取色器的用户界面，并且只能以单一的格式将输出文件发送给服装制造商，并且文件中类似尺码、宽松度等参数信息均不支持修改。虽然它很简陋，但是它足以生产出一件具有用户所选的颜色的衣服。从这个简单的接口开始，Unmade 可以在每个冲刺中都增加更多的定制款式、尺码和格式以生产出越来越好的服装，直到他们准时将项目交付。

---

① Cockburn, *Agile Software Development: The Cooperative Game, 2nd ed*, 357.

综上所述，在创建系统骨架时，有如下两个制约因素要铭记于心。

1. **不要遗漏任何组成部分。一个不完整的骨架比无用的骨架更加糟糕**。如果他们完全忽略了诸如定制或者生产输出的能力，Unmade的系统就无法作为他们承诺的框架，因为它无法制作出真实的衬衫或裤子。除非能看到并穿上实物服装，否则内、外部客户如何能够验证每一次的交付都增加价值并兑现承诺呢？

2. **不要将系统骨架和最小可行产品**（minimum viable product，MVP）**搞混**。没人会从只有一个尺码的商店中购买衣服，所以Unmade第一个版本的产品距离商用还很远。但是它成功运行了最终软件系统的所有组件，使团队产生了巨大的信心，并提供了一个运转良好的交付机制以实现最终目标。当你向骨架添加功能时，你可能会想在此过程中的某个地方生成和使用MVP，但是你最初的骨架可以更简单。

那么非软件类的承诺呢？系统骨架对此同样有用，但是需要做一些适当的调整。一种常见的DevOps模式是开始监视和发布有关系统特性的信息（比如，内存使用量），然后将其用作一个系统骨架，通过一系列小的承诺逐步减少该指标，先是5%，然后是10%，依此类推。另一个案例：我们利用每月一次的管理研究小组作为系统骨架，帮助一个组织首先调查新的管理方式，然后逐步引入更多类似的变革，并在研究小组会议上相互评价其进展。

补充知识：倾斜的滑块

在图6-1中显示的倾斜的滑块，展示了团队做承诺时，在完美的可预测性和高效的生产率之间做的权衡。一个高可预测的组织例子是NASA，它在由行星和卫星的运动规律设定的截止日期内提供绝对可靠、安全至上的软件。但是与大部分的研发人员相比，它的生产率非常低，每个研发人员每年只编写几百行代码[1]。

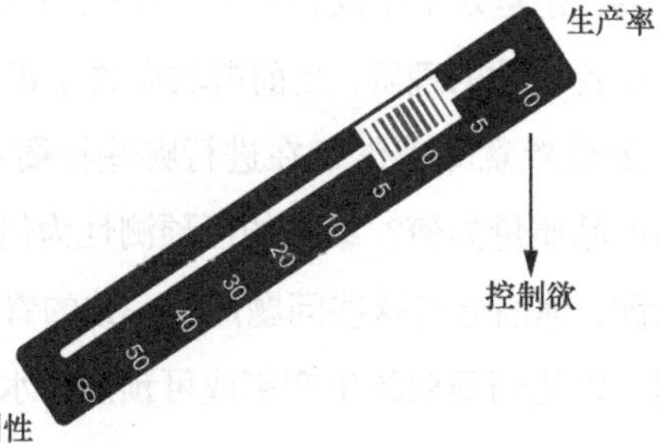

图 6-1 倾斜的滑块

与之相反的是一些拥有小型研发团队的、还在产品开发阶段的初创型公司，他们的生产率非常高，因为他们基本上不需要流程，并且可以在完全无须担心惹恼用户（毕竟完全没有用户在使用）的情况下改变优先级。但是这些初创型公司从未听说过路线图或者截止日期，并且在交付的过程中通常是不可预测的。

很少有团队处于这两种极端情况，但是每个人都处于标尺上某个点。将滑块移向可预测性必然意味着更多的流程、更多的计划和更少的代码编写。将滑块移向生产率意味着放弃一些你可能正在做的估计和前瞻性计划，以支持快速迭代和反馈进而纠正错误。

该滑块最不同寻常的点就是，它是倾斜的。这是因为某种力量会将你的团队拉向标尺中可预测性的那一端。这种力量是人类对控制的天然渴望。一个常见的错误是应用诸如正式需求和变更管理之类的控制方法。而实际上，你可以通过更接近滑块生产率端的方法获得足够的控制。

倾斜的滑块可以在适当的情况下帮助你进行承诺对话。如果你提出的承诺涉及交付一个特定的功能或在规定的期限内完成工作，试着

① Hihn, et al., "ASCoT: The Official Release; A Web-Based Flight Software Estimation Tool".

判断你的团队目前所处的倾斜的位置：更接近可预测性的一端，更接近生产率的一端，还是处于中间位置？与团队中其他成员讨论，以达成对当前所处位置一致的理解。当前滑块设置是正确的还是你想要移动它？当前所处位置意味着你正在进行哪些权衡？对团队速度意味着什么？你的产品质量如何？结果的可预测性为何？理想情况下，在开始承诺对话前，你们会对这些问题达成一致的看法，因此也就可以调整你的计划，以达到预期的生产率或可预测性水平。

6.5 对话：做出承诺

通过你现在已经掌握的对话技巧，成功的承诺对话所需的步骤很容易总结。但这只是看起来很容易。首先，你需要使用基于确认的沟通或者惯性思维破坏等技术来克服误解和恐惧，进而使得对话中使用的词语达成一致理解。然后使用系统骨架来向前小步快走，并就这些步骤的承诺与你的对话伙伴达成一致。最后，可以要求所有相关人员重申并接受承诺，或者在白板、在线文档页面上，以公开展示的方式来对承诺进行切实的确认。

走向成功的承诺对话的 3 个步骤是：

1. 就承诺的**含义**达成一致；
2. 就承诺的**下一个成果**达成一致；
3. 就承诺进行重申。

承诺对话中的拦路虎

这些步骤看起来顺理成章，但是各种障碍正在等着你。

第一个障碍就是**文化**：在你的环境中，“自愿承诺是有价值的”这一想法可能是具有威胁性的、不受欢迎的概念。在这种情况下，屈从是当务之急。因为管理者更喜欢这样的错觉：他们所需要的只是让他们的员工按照要求去做。毕竟，他们无须向机器征求承诺。而将人视为机器的管理方法也让管理本身简单了不少，如同我们在第 1 章中所指出的：你不需要面对你的团队不信任你的事实，或者你担心他们不能很好地完成工作，或者其他任何与那些讨厌的人有关的麻烦。

如果我们相信人们只需要根据要求工作就够了，管理确实更加简单了。如果我们将研发人员视为可随时、无痛替换的资源，项目管理自然也变得更加容易。如果我们认为工程师可以在两三个，甚至更多项目中合理分配他们的时间时，上述的一切就更加容易了。这些可替换和无耗损的任务切换理念，对泰勒主义是适用的，也就是"把人当作机器"模式。但是，人不是那样子的。承认这一点可能会削弱管理文化的基础，迫使我们面对那些更容易被忽视的人际关系问题。

如果你怀疑你身处一种对承诺有偏见的文化中，或者你遭遇了对承诺的抵触从而确认偏见的确存在，那么你就还没有做好承诺对话所需的准备。回到之前的章节，**首先**解决那些隐含在抵触背后的信任、恐惧和动机的问题，然后你就会发现承诺对话会更容易实现。

第二个阻碍，听起来有点儿自相矛盾，那就是团队当前正在使用的**现有的承诺流程**（existing commitment process），那可能是冲刺计划、详尽的设计文档，或者当老板给你一个截止日期时你只能简单地点头同意。无论你们当前用的是什么方法，团队都有可能因为对其过于满意，太愿意接受含糊不清的表达和过于激进的截止日期，而没有就你提供的所有建议，以及生产力、对内投资和对外投资等内容进行富有成效的承诺对话。

如果上文说的正是你的经历，那么请尝试使用联合设计摆脱这种情况，这样你的团队就参与了设计并进行了适合他们的承诺对话。你还可能发现，使用我们将在第 7 章描述的定向机会主义（directed opportunism）中的简报（briefing）结构有助于你的团队确定他们在形成承诺时会受到哪些约束，以及可以行使哪些自主权。

最后一个障碍是**部分兑现**。无论你如何努力，你都可能发现小组中一些成员始终停留在屈从的模式中，他们就是不能做出承诺。这都要“归功于”他们的冷漠、敌意，或者纯粹的固执。幸运的是，你并不需要获得每个人的承诺。你确实需要一个有内在承诺的人或团体来做出真正的尝试。这些人如果取得了某种程度的成功，就可以成为被拥护者和“布道者”，然后他们会激发其他团队成员坚定不移地尝试。我们从来没有见过在初始阶段缺乏若干坚定不移的支持者的情况下还能成功的文化或者流程转型。

如果你克服了这些障碍并顺利进行承诺对话，那种感觉棒极了！我还记得几年前的一场团队会议——有一年夏天，我们在一个炎热的会议室里规划一个漫长的项目。每个人都针对每个词语的含义进行了讨论，并在实现我们想要做出的更大的承诺的道路上定义了许多小步骤。我们将白板上的估算加起来，从而得到一个距离现在约 5 个月时间的最终交付日期。此时沉默降临了，没有人愿意对“是否要做出这一重大承诺”发表意见，直到一个勇敢的工程师从后排座位站了起来。

“各位，没什么好怕的。我们了解这些任务，而且我们知道每项任务都是简单且可实现的。如果我们不能在那个日期前完成这一系列工作，甚至可以说如果不能更早地完成工作，我们还不如转行算了。”

我们对团队进行了民意调查，他们看起来都松了一口气，因为每个人都认为任务完全可以按期实现。团队氛围瞬间轻松起来，与此同时一个信念坚定的团队就此诞生。

6.6 曼迪的承诺故事（续）

6.6.1 反思与修订

我将开始尝试通过反思和评分来理解我的对话。在反思过程中，我发现我问了两个问题，每个问题都是真诚的问题——我是真的想知道为什么第二个版本比第一个版本复杂了那么多，以及何时这个功能可以准备好。另一方面，我左侧栏的内容显示，我对研发人员所说的内容有诸多怀疑，但是我完全没有吐露这些怀疑。我还注意到当我很惊讶或者不高兴的时候，我说了很多次“真的吗？”，这看起来是一种掩饰。

如何就含义达成一致？我圈出了 5 个词语或者短语，它们看起来对这个话题非常重要——估算、完成、验证、复杂测试用例、准备好。我的左侧栏中的部分疑问就是关于研发人员所说的这些话的意思，但是我从未询问或者说明这些词语。因此我认为在本项中，我的分数为零分，而总分为 5 分。

为了改善和修订，我主要希望能够更好地吐露心中的疑虑。我可以尝试注意到我们在关键词的含义上可能存在的分歧，并对此立即表达我的担忧，而不是压制这些疑虑。这应该可以帮助我达成更明确的承诺，或者说至少我希望如此。

6.6.2 修订后的对话

我找到了戴维，也就是“开发者关系”团队的技术负责人。我想看看我们能否找到一种方法，让我们共同创造一个团队和其他人都相信的承诺。

先阅读表 6-2 右侧栏，然后回到开头从右向左读。

表 6-2 修订后的曼迪与戴维的对话

曼迪所想所感	曼迪与戴维的对话
	曼迪：我真的很惊讶团队对新 API 评估的反应。
很好，我的感觉是对的。有些事情不对劲儿。	戴维：我也是！而这已经不是第一次他们表达这种担忧了。
我特别赞同戴维的观点。他是否认为这里有问题呢？	曼迪：你能否告诉我这些担忧呢？你对此的观点是怎样的呢？
太奇怪了。3 月 4 日这个时间是怎么来的？	戴维：这比我们想象的还要艰难。市场人员说要在 3 月 4 日之前得到这个需求，而且不接受任何的意外情况。团队看起来不知道如何准时完成，而且讲真的，我也不知道。
戴维能告诉我更多信息吗？	曼迪：我是第一次听说这个事情，那个被要求的时间点真的很奇怪。
噢，我明白了。虽然暂时没有人要求我让团队做出“3 月初交付”的承诺，但是我相信很快就有人这么要求我了。	戴维：之前我也这么认为，直到我看到了发布会座位排布图。他们已经租下了一个礼堂并邀请所有的客户共进晚餐，并在此过程中看看这个全新的、现代的、特性繁多的 API。
我会提醒戴夫（Dave）在我们作为一个团队达成一致意见之前，任何功能都不会被承诺。我想知道我们距离市场部门的目标还有多远。	曼迪：好消息是，我们并未真正承诺任何事情，虽然听起来市场部门认为我们已经做出承诺。团队认为怎样的交付日期是合理的呢？
天，那真是一个漫长的时间。但是我不理解他说的“客户端就绪”是什么意思。	戴维：肯定不能早于 6 月，7 月更好。在客户端就绪之前，数据需要经过大量的筛选过滤。

续表

曼迪所想所感	曼迪与戴维的对话
我认为“客户端就绪”并不需要，只需要“足以演示”就行了。	曼迪：等等，“客户端就绪”？这是什么意思？
我们对这个词有相同的理解，但是对承诺的理解略有分歧。	戴维：很明显就是验证需要就位，所有的边界测试用例也需要完成。我们不能将有问题的数据提供给客户。
这个区别很重要。我相信，如果我们能在所需内容上达成一致，他就可以给出一些缩减范围的建议。	曼迪：我不确定我们在说同一件事情。我们需要的承诺是我们可以在销售推荐会上展示的东西，比如在你提到的午餐会上，或者在潜在客户访问时。这与你的理解一致吗？
太好了，现在他明白了。	戴维：我明白了。我们只需要演示基础的工作流，而不是整个工作集成环境。
我需要分享约束：我们必须确保不会无意间披露真实客户信息，否则监管机构会非常严厉地惩罚我们。	曼迪：完全正确。减少约束是否会带来帮助？我们可以合理地简化，但我们不能将真实数据置于风险之中。
哇噢，我太喜欢那些想法了，特别是虚拟数据。	戴维：好的，我们可以在一开始略过数据的验证。我们甚至可以使用易于展示的虚拟数据。
让我们看看我们是否已经清除了承诺中所遇到的障碍。	曼迪：上述两个缩减范围的改变都非常好。这是否有助于团队就 3 月 4 日这个时间点做出肯定的承诺？
这听起来很有希望可以完成。	戴维：我很确定我们可以找到一种没有验证或者真实数据的交付方式。我今天下午会咨询团队，并在明天早上告诉你结果。

我想要就时间和范围与戴维达成一致，但在那之前我们要先澄清

几件事情：为什么团队很担忧？市场部门的目标时间是什么以及为什么选择那个时间？以及团队向着目标前进时会受到何种约束？澄清“客户端就绪”的含义有助于我们做出明智的承诺，让我们可以同时满足外部约束（在 3 月 4 日交付）和内部承诺（不要暴露客户数据）。我很高兴本次对话进展如此顺利。

6.7 承诺对话案例

6.7.1 纳什与系统管理员：设计系统骨架

纳什（Nash）说：“我是一家大型零售商 IT 部门的非技术主管。我们需要在全球 7 个国家中建立新的网站，从而可以支持我们准备本季度上市的新的产品线。当前我们从技术团队获得的估算是需要 6 个月时间来建立这个新的在线服务器。我正在拜访一个有 3 名成员的系统管理员小组，这 3 名成员分别是阿卜杜勒（Abdul）、贝卡（Becca）和莫莉（Molly），他们都在研发团队工作。我的目标是找出我们有哪些可选项可以让这些网站快速上线！”

先阅读表 6-3 右侧栏，然后回到开头从右向左读。

表 6-3 纳什与系统管理员们的对话

纳什所想所感	纳什与系统管理员们的对话
让我们把问题放到台面上。首先我想要确认我的信息是否准确。	纳什：工程负责人告诉我，我们最早能将 7 个新网站建好的时间是 2 月。是这样吗？
好的，这个坏消息坐实了。	贝卡：是的，那是我们最理想的估算了。我们有信心届时提供所有的服务器。

续表

纳什所想所感	纳什与系统管理员们的对话
太令人抓狂了，这个进度无法加快了。不过话说回来，从技术角度来说，更快的进度是否可能呢？	纳什：啊，太让人崩溃了。当前的问题是，距离 2 月还有 3 个月时间。我们最迟在 11 月就需要这些网站，这样才能赶上圣诞节的大促活动。我们是否有其他方法能达成这一目标呢？
我很开心，至少莫莉是信任我的动机的。	莫莉：我相信你很着急，我也很想说可以做到，但我们真的无法做到。哪怕只是将备份设置好都需要花费几周的时间。
这听起来的确很低效。我想知道他们为何还没有为这件事情做一些工作。	阿卜杜勒：更不要提所有的手动配置工作了。手动配置过程很笨重，但是我们知道它是行得通的。
我在假设有些方法可以解决这个问题。我应该验证我的假设是否正确。	纳什：我不是技术人员，但是我听完感觉有些事情可以自动化处理。我不知道这种理解是否正确。
那就是我所想的！为什么内部的壁垒如此之高？	贝卡：当然！有很多工具可以帮助你快速且重复地设置服务器。但是 IT 风险与信息安全部门还没有批准使用它们。
这也许是得到系统骨架的一种方法。	纳什：没错，但是那些规定只适用于在线网站，对吧？我们能否更快建立内部服务，然后稍晚一些以正常审批的流程进行补丁包管理、备份等内容的添加呢？
	阿卜杜勒：当然，但这有什么帮助呢？
一系列的小承诺，如果每一个都实现了，应该会建立很多信心。	纳什：如果网站建起来了，研发人员可以更快速地进行编码和部署工作，我们也可以向市场部门展示实际进度。
莫莉是对的，但是我也许能帮上忙。	莫莉：但是这对截止日期并无帮助。我们可以在内部更快速地上线网站，但依然要经历各个环节才能让服务器真的在生产环境投入使用。

续表

纳什所想所感	纳什与系统管理员们的对话
	纳什：这就让我来担心吧。我认为通过显示规律性的、可视化进度将会有助于审批进度。比如，使用这些新的工具，能让我们本周就部署好裸机服务器吗？
比我想的好太多了。	阿卜杜勒：可以的。实际上我们可以将 7 个国家的服务器都部署好。
太好了，贝卡也明白了。这样的计划有助于我在技术外的领域找到优化项，并让营销也启动起来。	贝卡：同意。除此之外，我相信我们可以使用新的增量设置工具制定路线图，用以显示我们未来两个月的每周计划进度。但我不确定除此之外是否还可以完成其他事情，甚至我都担心连手头工作都无法完成。
我想我们已经达成一致了。是时候最终确认计划和承诺了。	纳什：我们不必如此勉强自己。我们可以在过程中重新计划。当我们开始使用新的设置工具时，我们会了解到更多信息。你们都愿意承诺一个每周交付、为期两个月的局部路线图，我这么说对吗？
好吧，我没有能够得到“圣诞节前一定可以交付”的结果，但一个具有明确承诺且具有明确执行计划的团队，也是一个不错的选择。	所有人：是的！

纳什最高兴的是，他得到了即时的、充满信心的“圣诞节交付所有 7 台服务器”的承诺。原本他们努力建立的心理安全文化意味着团队本可以告诉他这种承诺是不现实的。系统骨架替代方案看起来很有希望可以成功（就像它应对 DevOps 挑战时一样），但是可能需要他做出一些干预，以获得增量部署的许可。如果没有承诺对话，纳什就不会知道对团队做出互惠承诺是很有必要的。系统骨架让团队能够实

现一系列更容易承诺的增量里程碑，而这足以给纳什足够的底气让其他团队开始工作。这是一个全员共赢的局面。

6.7.2 朱莉和埃里克：承诺使用新流程

朱莉（Julie）说："最近我发现和埃里克（Erik）一起工作真的很困难。他是 CEO，也是我的老板。他喜欢参与诸如'下一步应该构建哪个需求'或者'是否需要雇佣另一名研发人员'之类的决策。有时候对我来说，参与如此细节的工作对他来说效率很低，对我的团队来说也不是很好。这对我以及其他与埃里克一起工作的人而言，很难判断什么时候他应该被通知或者参与到某个决策中，什么时候不需要。我编写了一个文档模板，我认为它有助于组织我们之间的联合决策过程。它列出了哪些决策需要埃里克参与、哪些不需要，这为提出候选方案提供了可能，并提醒我们为每种候选方案收集数据，比如方案成本与执行所需的时间。我正准备跟埃里克谈论承诺使用该流程的相关问题。"

先阅读表 6-4 右侧栏，然后回到开头从右向左读。

表 6-4 朱莉与埃里克的对话

朱莉所想所感	朱莉与埃里克的对话
	朱莉：你读了那个决策文档了吗？
一个好的开始。	埃里克：我看了，我喜欢它的内容。我在上面做了一些编辑。我很开心你正在做这个事情。
让我们先就基本想法达成一致。	朱莉：太棒了。我将会迟一点查阅那些变化。更重要的是，我对决策过程的想法，对你来说有价值吗？

续表

朱莉所想所感	朱莉与埃里克的对话
哎哟，看来的确对他有价值，但我认为他没有抓住重点。	埃里克：当然。它应该有助于我们走在正确的道路上并保持一致。我可以阅读所有的细节并就你做的每个决策都给予你反馈。
深呼吸，如此挑战他让我感觉有点惴惴不安。	朱莉：我很高兴你这么说，因为我不确定我是否同意你的观点。
	埃里克：是吗？你的意思是？
让我们用一个问题来放慢脚步。我们是否同意基本的假设？	朱莉：该过程对我来说最大的价值是，它有助于我知道是否需要将你拉入某个特定的决策。你是否同意在没有你的情况下做一些决策对我有好处呢？
几个月前我还不相信这个答案，但是如今我们的想法已经更好地达成了一致。我真的认为他想要进行决策授权。	埃里克：当然！随着公司的成长，我不可能事必躬亲，我必须要其他人来掌权。
这是我的核心要点。	朱莉：好的，我们确实在这里达成了一致。因此，我最希望达成一致的部分是，在我不需要你参与的情况下，我们将如何使用决策文件。
	埃里克：嗯？我有点儿疑惑。既然如此，为什么还要把不需要我参与的部分放进去呢？
	朱莉：顶部的这一部分描述了何时使用该文档。如果一个决策不符合这些标准，我们将停止使用该文档。
我很高兴我探究到该问题并澄清了这一点。	埃里克：啊哈，因为它们太细节了，所以我并不需要参与其中。之前我没有明白那个章节，我现在搞明白了。

续表

朱莉所想所感	朱莉与埃里克的对话
最终检查，现在我们做出承诺了吗？	朱莉：所以，你是否接受我或者其他人使用这些标准来判断是否需要邀请你参与决策？
听起来像是对我的承诺！	埃里克：当然，虽然其中有些点需要一些细微调整，比如预算限制可以高一些。不过我现在非常渴望马上就开始使用它。

请注意，**信任**是在一个非常关键的时间点切入对话中的。鉴于埃里克的微观管理历史，朱莉本可以否定他所宣称的内容，也就是他“希望朱莉可以独立地做出一些决策”。但在经历了恐惧对话后，埃里克的可用时间被认为可能是公司发展的限制因素，所以朱莉选择相信他，并且他也真的做出了自己的承诺。这就是建立在之前对话基础上的承诺对话。当然，就某些词汇的含义达成一致也非常重要。他们两人很容易在埃里克没有充分理解新流程所包含的授权标准时“达成一致”，即意味着他承诺不做一些事情。但那必然会导致很多迷惑和挫折。我们可以很开心地说，埃里克和朱莉采纳并依然使用决策框架，且取得了巨大的成果。

6.8　案例学习：承诺的上下文

6.8.1　照他们说的做

安娜·希普曼（Anna Shipman）是金融时报客户产品部门的技术总监，她遇到了一个遵约问题（compliance problem），并且将之记录在博客上[1]。在她担任技术总监的 7 个月内，她带领一个由 55 名工程

① Shipman, “How Do You Delegate to a Group of People?”.

师组成的团队，并在这段时间内成功上线了公司主网站、附属品牌网站，以及 iOS 和 Android 程序。在全球拥有接近 100 万付费用户[①]的前提下，网站必须不断更新最新消息、在所有设备上即时加载内容，并且每天都要添加新的功能。在高速运转的持续部署和 A/B 测试的加持下，团队可以每周进行数百次的改进、不间断地进行试验，并紧跟内部和外部客户的需求。

但是安娜知道依然有一些东西在阻碍团队前进。在她日常的工作中，当她向其 5 名核心工程师分派任务时，她就能感受到这一点。无论她是在每周例会上，还是在闲暇时间，或是在电子邮件中，或是在当面做这些工作时，一种挥之不去的感觉都会告诉她有些不对劲儿。“我依然在掌控任务流。”她说，“我觉得一定有更好的方法来做到这一点，可以让大家各司其职[②]。”简而言之，她想要的是承诺，而不是听从指挥。

和许多管理者一样，安娜认为，当你告诉员工该做什么时，他们的确会去做，但这与他们的敏捷实践所能支持的创造性、创新性团队南辕北辙。相反，她的目标是使得团队成为自组织（self-organizing）和自治（autonomous）团队，这样团队中每一个人都将是接替她的工作的优质人选[③]。但是，只要她还扮演着核心任务分发员的角色，她所想的一切都不会发生。

6.8.2 再见，信息过滤器

在向同事和同行征求了关于如何给予核心工程师更多自主权的建议后，安娜决定与他们进行所谓的**承诺对话**。她的目标是联合设计

---

① *Financial Times*, “FT Tops One Million Paying Readers”.
② Shipman, “How Do You Delegate to a Group of People?”.
③ Shipman, “How Do You Delegate to a Group of People?”.

出一种更好的互动方式 ，以让他们自行承诺任务而非过度依赖于安娜的分配。她首先解释说，她一直在从业务的其他部分过滤上下文信息，如传入的功能请求、其他团队的状态报告和财务结果。她说“我不想让团队被电子邮件所淹没[①]”，因此她保护团队远离外界潮水般的输入信息。对她而言，电子邮件和功能请求就是她需要帮助团队屏蔽的干扰。

但核心工程师们以一种令人惊讶的方式做出了回应：他们要求接收更多而非更少的未经过滤的信息。这有助于他们做出合理的优先级排序和决策优化。进一步来说，如果有人提出了问题，他们就会熟知这个问题，而不是一头雾水，最终他们也就能够做出明智的承诺并按时兑现。对核心工程师而言，“外部输入”的含义与安娜所理解的完全不同，这对他们而言是极具价值的上下文信息。

安娜后来说：“本来我以为我是在保护他们，帮助他们完成工作。但实际上我在做的却是封锁信息，结果反而让他们更难完成工作[②]。”

一旦他们通过承诺对话对传入的上下文信息的含义有了一致的理解，安娜和她的核心工程师承诺采取如下几个步骤来共享上下文信息。

- 他们建立了一个邮件列表，并要求其他人将其用于请求信息，而不仅仅是给安娜发电子邮件。她还将她认为对小组有帮助的电子邮件转发至该列表。这形成了一个系统骨架，从而让团队可以主动采取其他措施来达成目标。
- 安娜带着一名或多名核心工程师参加相关会议，有时甚至让他们代替她参加会议。与会者随后在邮件列表上与小组其他成员分享会议记录。

① Shipman, “How Do You Delegate to a Group of People?”.
② Shipman, “How Do You Delegate to a Group of People?”.

- 团队丰富了他们的周会内容，并用彩色的看板跟踪任务并分享任务信息。
- 安娜会在团队动机上投入更多时间，并在邮件列表、内部在线文档和外部会议上分享她的思考结果[①]。

6.8.3 未闻其声先得其解

承诺分享更多上下文信息的结果是引人注目的。大多数的功能请求发往研发所在的邮件群组，这让所有成员都能获取更多信息，从而做出相应的回应。核心工程师可以在自己负担过重时，将工作转给团队其他人员，这也增加了成功交付的概率。

安娜说："有人通过发送电子邮件或者其他方式提及，一些问题在我都不知道的情况下就被不声不响地解决了[②]。"他们发现并利用了研发团队尚未开发的潜能，这一切都要归功于**承诺对话**。

6.9 结论时间：应用承诺对话

在本章中，你学到了**识别关键概念并澄清它们的含义**，使用**系统骨架**结构化你的承诺，并使用这些技术以及在前几章提到的技术来**有效地做出承诺**。对话转型促进了富有成效的Ⅱ型推断，团队又为有效的承诺创造了合适的环境，而这些承诺的兑现促进了信任、减少了恐惧，从而进一步促进了转型。你可以通过多种方式使用**承诺对话**。

- 作为**高管**，你可以在多个部门（如工程部和销售部）之间协调工作文化，方法是期望每个部门做出可信、易于跟踪的承

① Shipman, "After the Launch: The Difficult Teenage Years".
② Shipman, "How Do You Delegate to a Group of People?".

诺，并跟踪这些承诺的进展情况。

- 作为**团队负责人**，你和团队可以信心满满、热情洋溢地做出诸如冲刺目标和“构建-度量-学习”目标的承诺。
- 作为**团队成员**，你可以参与承诺定义，并为履行承诺做出贡献。

第 7 章　当责对话

在功能工厂中，如果你想要在交付以及挑战方面完全透明，这是完全不可想象的。当我们处处被僵硬的教条压得透不过气时，何必自寻烦恼呢？与之对应的是，如果缺乏自主权，人们对不同目标和战术选择感到好奇也是没有意义的，因为任何变化都是不可能实现的。但当我们建立**信任**、移除**恐惧**、定义**动机**和履行**承诺**后，我们已经变得更加自主和无拘无束。而本书开头我们提到的透明度和好奇心，可以通过最后的“当责对话”予以实现。

高管们会发现，责任感会让他们的部门更早、更高效地发现并纠正错误，比如错误的需求优先级，或者在云服务器上的费用超支。团队负责人将使用当责对话来澄清冲刺目标和团队目标、发现多种达成目标的方法，并且主动向外告知团队在功能构建和架构变化方面的意图。员工也不会再说“我们正在坚持支持老版浏览器”或者“一些‘白痴’告诉我们略过测试”。他们将会知道工作中的约束条件和自主权，以及他们可以在哪里发挥创造力来实现目标。

通过学习本章的观点，你将可以：

- 使用**Y理论打造**一种培养健康问责的文化；
- 提供**简报和回传简报**（briefing and back briefing），让团队有效、准确地对其行动做出说明；
- 使用当责对话来**主动向外告知意图**（radiate intent），从而让每个关心你工作的人，能以高效的、支持性（supportive）的方法给予你帮助、建议以及纠正措施。

7.1　谁该对此当责？

“别再有下一次了！”丹尼（Danny）咆哮道，“这是本周第二个延期的功能！照这种速度，我们在周五根本就没有任何东西可以演示。”

作为一家快速增长的创业公司的CTO，当前为丹尼工作的团队成员比以往任何时候都要多。回想公司还很小的时候，丹尼还有能力花时间与每个工程师互动，并且准确知道每个人在做什么。但是现在的他已经没有时间在每次冲刺中与所有团队成员交谈，他感觉自己正在失去对日常进度的把控。

他刚刚阅读的电子邮件极具代表性：移动端研发人员又一次落后于进度，他们的某个App功能无法在本次冲刺结束前开发完成。更要命的是，移动端不是特例！几乎每周都至少有一个团队会给丹尼带来这种“惊喜”，并且经常是两三个团队一起出现延迟的情况。

丹尼非常清楚，研发并不总是能按照计划进行的。他很享受“研发人员带着问题来找他”的这部分工作，他喜欢讨论技术选型工作，并与产品设计者和业务部门合作寻求创造性解决方案。对于许多较老的团队，这种工作动力依然有效，研发人员也确实会在遇到问题时来找他。虽然研发过程中必然会有小的问题和错误，但他并不担心冲刺结束时会出现严重的意外。相较而言，一些比较新的团队的表现更加不可预测，比如一些核心功能会延期几周，甚至几个月。

丹尼双手抱头，试图想出一个计划。他是否应该引入每日进度汇报？雇佣一名交付管理员？替换某位团队负责人？他不确定下一步该做什么，但是他知道有些事情需要改变。

丹尼的反应很普遍。如果我们一再遭遇令人不愉快的意外，比如错过截止日期、系统停机、预算短缺等，我们也会希望采取行动来结束这些意外。常见的方法是要求提供更多详细的信息、更加具体的需求说明，或者施加更精细的控制措施，抑或者干脆 3 种方法一起使用。不幸的是，这些本能的反应经常会让事情变得更加糟糕，因为它们无视了问题的根源：责任感。

我们所说的"责任"是什么意思？我们的意思仅仅是"有义务对你所做的事情和原因进行说明"。每个人所持有的责任感，是成功的关键之一。责任类似于所有权（ownership）、职权（responsibility）和干预（agency）。如果我能控制如何使用自己的时间，那么只有我才能提供我为何做我所做的事情的相关信息、提供我的行为背后的理由和意图。

请注意，我们对责任的理解与大多人截然不同。当你听到管理者说他"追究某人责任"时，我们的本能是远远躲开。这个短语意味着对做错的事情的纠正和惩罚（请看下面的补充知识内容，它从历史视角解释这种恐惧的由来）。被追究责任的人应该感到懊悔，并从他们的错误中吸取教训。但我们对"责任"的定义完全不同，我们建议你可以为成功、失败或者中性的结果负责。只是"让我们追究某人上个月销售额翻番的责任吧！"这种说法，我们不太常听到。

我们对责任的定义是"对结果进行解释的义务"，是敏捷、精益和 DevOps 所追求的自组织的关键。每个团队成员都被赋能，从而可以自己决定如何分配时间和精力。然而随着这种授权，人们期望分享

“决策是什么”，以及“为什么做出这些决策”等信息。有时候，**当责对话**就是分享意图的形式：“这是我打算做的事情以及做这些事情的原因。”而有时候，这种形式也可以是对过去事件的简报或者正式报告。无论这种责任使用哪种形式进行分享，如果丹尼能够抑制自己的控制本能，并在团队中建立一种当责文化，他将能更成功地扩大他对团队的影响。

这听起来很简单。然而有效地当责（effectively accountable）是一项习得性技能。照例，它需要高难度的情绪工作、文化变革和大量的实践。值得一提的是，有效的**当责对话**需要高**信任**（“我相信你会分享我对如何去执行的想法”）、低**恐惧**（“我知道你不会对我所做的事情反应过度”）、一致的**动机**（“我们正朝着这一愿景前进，以下是我们今天取得的成就”）和清晰的**承诺**（“这是我的陈述：我承诺做 A，但实际发生的是 B”）。如果你和你的团队在开始进行当责对话之前，已经进行了上述每一种对话，你离成功就更近了一步。

7.2　扩展知识：中世纪的“问责”

为什么“当责的”一词通常带有惩罚性的内涵？我们认为这可能与这个词的起源有关。“当责的”字面意思是“报账”（rendering an account），而“账户”（account）又源于古法语的“清算”（reckon）或者“枚举”（enumerate）[①]。这个词第一次进入英文是在中世纪，当时它被用于描述 12 世纪的治安官。这些治安官与他们那些持枪狂奔的西部后裔不同，他们在本质上是遥远的安茹帝国（Angevin Empire）的收税人。每名治安官每年都需要向国王交纳一定数量的租金或者税款，并且可以自由地从他的领土上以任意的方式收取这些费用。很多

① Merriam-Webster Dictionary, s.v. “account”. ——译者注

治安官通过向被他们吓坏的市民索取远超其被指定的税金，从而获得丰厚的回报[①]。

亨利二世（英格兰国王，1154—1189 年）的政府颁布法令，每年米迦勒节（Michaelmas，每年 9 月 29 日）都会将治安官召唤至他的宫廷。在那里他们要带上现金形式的年度税收款项（在 11 世纪没有支票或信用卡），将其清点并交上来[②]。算术是一项不常见的技能，所以司库和他的助手们使用一种名为 Exchequer 的棋盘，以及一套计数工具来展示并计算治安官欠国王的钱，当然也包括了相关扣除额[③]。这个棋盘就代表了整个过程，这也就是某一年的“国库”（the exchequer）[④]。每位治安官轮流上前描述当年的收入，并提醒司库所有例外情况或扣除额。当计算出商定一致的总数时，治安官就会交出一袋银币来偿还他的债务[⑤]。如果治安官被发现上交金额不足，可能会被当场罚款或者投入监狱[⑥]。因此，如果你认为报告一次未能达到冲刺目标是让人烦恼的，那么想象一下在 12 世纪承担责任是多么令人担忧的经历！

7.3 妮科尔的当责故事

我是妮科尔（Nicole），一名产品总监，负责组织中多个团队。博比（Bobby）是其中一个团队的产品经理。他似乎经常误解我要他做的事情，这意味着我们经常不得不在功能开发或项目的中途停下来，重新与开发人员设定期望的目标，并对代码进行大量修改。情况已经糟糕到我正在考虑解雇博比。但与此同时我开始怀疑自己的管理

① Poole, *The Exchequer in the Twelfth Century*, 128.
② Poole, *The Exchequer in the Twelfth Century*, 139.
③ Poole, *The Exchequer in the Twelfth Century*, 100.
④ Poole, *The Exchequer in the Twelfth Century*, 34.
⑤ Poole, *The Exchequer in the Twelfth Century*, 127.
⑥ Poole, *The Exchequer in the Twelfth Century*, 107.

风格和沟通方式是否也可能导致了该问题。我以 4R 法的第一步“记录”开始，记录了我们最近一次的互动，看看我是否能找到改进的方法。

妮科尔与博比的对话

先阅读表 7-1 右侧栏，然后回到开头从右向左读。

表 7-1 妮科尔与博比的对话

妮科尔所想所感	妮科尔与博比的对话
我希望这对你而言是有意义的。	妮科尔：这是新的现金流报表的原型图。
好问题！	博比：好的。它与我们今天拿到的原型图有何不同呢？
	妮科尔：首先，它需要每日更新，而且它是根据我们的新的全球区域细分的数据，而非汇总数据。
	博比：明白了。
这就是你想知道的？我想可能是因为这个原型图太一目了然了吧。	妮科尔：你认为什么时候可以完成它呢？
哇噢，这么快！财务肯定会非常开心的。我只希望你不要像上次那样子把某些功能给忘了。	博比：我需要与团队确认一下，但是我认为我们可以在下次冲刺完成它。
	妮科尔：那真的是太好了！

当时我对这次对话感觉非常好。但是一周后，当团队向我们演示新的报表时，我就不那么高兴了。团队使用文本格式而不是 Excel 格式作为最终输出文件，也没有将澳大利亚作为地区包含在其中，甚至还有一堆小错误。为什么博比不能把这些事情都做对呢？

7.4 准备知识：X 理论与 Y 理论

7.4.1 两种不同的动机

期待你的团队主动承担责任是否合理？员工是否是自私自利的，只有在上级的指示下才会采取行动，并且没有能力解释他们的行为？或者他们期望成功、精益求精，并对自己的行为负责？管理理论专家道格拉斯·麦格雷戈（Douglas McGregor）在其著作《企业的人性面》中将上述两种员工激励理论称为 X 理论（theory X）和 Y 理论（theory Y），详见表 7-2。

表 7-2 X 理论与 Y 理论

X 理论	Y 理论
态度	
人们不喜欢工作，觉得它很枯燥，如果可以的话就尽量逃避它。	人们需要工作并希望对其感兴趣，在适当的条件下，他们会享受工作。
管理方法	
必须强迫或诱哄人们才能向着正确方向努力。	人们会将自己引导至他们所接受的目标。
职责	
人们宁愿被指挥也不愿意承担职责（他们逃避职责）。	在适当的条件下，人们会找寻并承担职责。
动机	
人们主要被金钱所激励，并对工作安全感感到恐惧。	在适当的条件下，人们被实现自身潜力的欲望所激励。
创造力	
除了利用规则漏洞，大多数人几乎没有创造力。	创造力和聪明才智分布广泛，但未得到充分应用。

来源：尼尔斯·普弗莱金（Niels Pflaeging），“Why We Cannot Learn a Damn Thing from Toyota, or Semco”

X 理论与第 1 章谈到的泰勒主义观点形影相依。它说工人都是懒惰且愚蠢的，而且必须被主管所指挥。当他们犯错时，他们需要被送到思过处，从错误中吸取教训。X 理论管理者会说："没有从工人身上得到想要的结果？解决方案就是加强管理。如果我没有获得我所期望的进展，如果我没有及时听到问题并加以解决，那么我会聘请一名主管来获取这些信息。"如果你认同 X 理论，那么员工当责制（accountability）就是无稽之谈。员工没有对自己的行为付诸心力，也没有对计划进行有意义的参与，因此要求他们解释这些行为或者后果是极其愚蠢的。相反，你应该问相关的主管，毕竟这是他们的工作。

Y 理论是一种完全不同的人性观。它认为人们想要参与、想要拥有所有权，并且内心有成功的动力。如果我们相信 Y 理论，那么 X 理论的管理模式不仅有害，更是一种浪费。我们利用每个人内在的对成功的渴望，以更低的成本获得更好的结果。在 Y 理论组织中，问责是至关重要的。积极进取、有责任心的员工需要并希望将他们的活动与结果告知主管和搭档，他们也渴望获得对这些结果的准确反馈，以适当调整他们的行动。

回看第 1 章提到的敏捷、精益与 DevOps 原则，我们可以看到他们都明显地倾向于 Y 理论，因为：

- 给予积极进取的个体以他们需要的环境和支持，并相信他们可以完成工作；
- 赋能团队；
- 相信每个人都在为业务做出最大努力。

当然，这并不奇怪。正如我们在之前的 4 种对话（信任对话、恐惧对话、动机对话、承诺对话）中所看到的，我们已经看到了一个又一个软件团队通过与 Y 理论一致的行为而取得成功的故事，比如建立信任、解释动机而非强加意愿，以及提供背景信息来推动承诺。实际上我们同意尼尔斯·普弗莱金的观点，即 Y 理论是敏捷、精益和 DevOps 方法成功的前提条件①。

7.4.2 剧本？领导力？

因此，令我们深感困惑的是，为何有些团队至少在理论上已经采纳了以人为本的软件方法，但我们依然能在其中发现 X 理论无处不在？为什么还有人会积极反对当责制的文化模式？

我们将详尽回答的任务留给社会科学家，但我们怀疑一个可能的促进因素是电视和电影中的例子，他们为我们提供了第一个领导力模型。一些影片描述了强势、果断、发号施令的领导者。他们行为粗暴但绝对公平、行为强势，不怕对犯错的人大吼大叫。另一种情况是不称职的管理者，即迪尔伯特（Dilbert）的漫画中的“秃头老板”（pointy-haired boss），他总是要求提供状况报告，对细节吹毛求疵，却忽略了大局。上述方法均不是有效领导力的例子，一方面因为他们与真正的当责制相悖（果断的领导不会听解释，而优柔寡断的人无法决定如何处理这些信息）。两种风格都导致了组织中无用的冲突，但冲突正是创造戏剧性的点，也就是电影票和在线视频订阅的卖点，这也说明了戏剧性在电影和电视剧中很受欢迎。

相较之下，相互依存和自组织的媒体模型则较为有限。我们能想到的 Y 理论领袖的突出的戏剧形象，是《星际迷航》系列电影中帕特里克·斯图尔特（Patrick Stewart）饰演的皮卡德船长（Captain Picard）。他在对新的言论观点或者事件做出反应之前，经常会收集所有船员的意见，然后经常将大胆的、充满危险的干预措施委托给他人执行。像“复仇者联盟”这种超级英雄团队，或者像《伴我同

---

① Pflaeging, “Why We Cannot Learn a Damn Thing from Toyota, or Semco”.

对于上述 3 个鸿沟，以管理为中心的方法是试图消除它们。为了缩小知识鸿沟，领导者会寻求更详细的信息；为了缩小行为鸿沟，他们会给出更具体的指示；为了缩小效果鸿沟，他们会实施更详细的控制。然而，完全合拢鸿沟是不可能的，我们愈发坚持这么做，就会愈发地痛苦。这种控制的微观管理结果就是：承诺被屈从所取代，精力被消耗，士气下降①。

作为替代方案，邦盖提出了他的**定向机会主义**的方法，他从普鲁士军事领导人在 19 世纪与法国、丹麦和奥地利的战争中的战略和战术创新中逆向设计了这种方法。普鲁士人发现，在指挥系统上、下游清楚地传达计划和意图，对于掌握 19 世纪日益复杂的战争情况至关重要。定向机会主义的核心是各方之间的协议：一方用“简报”描述**我们的目的**（where we are going），其余各方使用“回传简报”来解释**我们计划如何达成目的**（how we plan to get there）。

7.5.2 通过简报来达成一致

在简报中，一个人传达他的预期**成果**，提供寻求该成果的**限制条件**，并描述执行过程中的**自主权**。比如邦盖讲述了一位指挥官的故事②：他告诉两位将军，让他们的师团向北移动以包围法国人（成果），不要因为与敌人交战而放慢速度（限制条件），并且选择对他们来说最合理的行军路线③（自主权）。

通过提供预期成果和与之相关联的自主权和限制条件，人们提供

① Bungay, *The Art of Action: How Leaders Close the Gaps between Plans, Actions and Results*, 50.

② Bungay, *The Art of Action: How Leaders Close the Gaps between Plans, Actions and Results*, 123-130.

③ 与军队不同，在商业环境中，各方的关系可能不是领导者和追随者。例如，产品经理可以向营销团队介绍如何协调即将推出的功能。

的成果就是当责的。人们提供了只有他们可提供的信息，比如优先级以及他们所重视的利益权衡。这与 X 理论方法截然不同。X 理论的计划是自上向下传递的，组织想要实现的目标充其量只会与该做的事情混在一起，并且几乎没有任何可以从既定实现路径偏离的自主权。

除了对人力资源的浪费之外，这种自上而下的规划方法往往会陷入知识鸿沟，即做规划的管理人员缺乏一线工作人员的知识和经验。在没有现代化战场信息来源（比如无人机和无线电通信设备）的情况下，普鲁士的指挥官如何能够在数英里外为下属选择正确的行军路线呢？更好的做法就是为他们提供明确的意图，并让他们根据只有其拥有的即时数据（local data）做出正确的选择。

波音公司在其 777 客机的设计阶段提供了一个明确的简报的好例子①。设计师在努力减少飞机整体重量的同时，还要将费用控制在预算之内。在整个飞机的设计过程中，他们如何在降低重量和节约成本两者之间达成最佳平衡呢？例如，他们是否应该使用更昂贵的方向舵来减轻重量，同时更换更高效但更重的起落架？由于数以百计的工程师在不同的小组中从事大量的子系统工作，因此我们很难看出在飞机上相距甚远、互不相关的组件上，哪里有可能进行这样的“成本换重量”的操作。

波音公司找到的解决方案是，以简单的成本指南的形式，向工程师提供关于他们可以且应该对本地子系统进行哪些权衡的简要说明。一个工程师可以在无须批准的情况下，花费 300 美元来减少 1 磅（1 磅≈453.6 克）重量；如果该费用超过了 600 美元，只需要本地的主管同意即可；只要项目经理点头，你甚至可以花费 2500 美元减少 1 磅的重量。这些指导方针明确了工程师在工作中必须遵守的限制条件，并提供了一个框架，使得他们能够在做出决策的同时，确保这些

① Reinertsen, “An Introduction to Second Generation Lean Product Development”.

决策与最小化成本和重量的总体目标保持一致。

7.5.3 通过回传简报巩固协议

即使我们在拥有了清晰的简报时就停止了定向机会主义协议，我们也已经获得了极大的改进，至少沟通中一方完美地承担了他的责任。但是，即使有了详细的简报，也很容易出现各种误解。为了解释和检测这些不完善之处，我们还需对简报进行回应，即由执行方主导的“回传简报”，旨在描述其计划如何实现预期成果，并确认该计划与预期成果、限制条件和自主权相匹配。它解释了人们计划做什么以及为什么要这样做。这种对原因和意图的分享，保证了所有参与方的理解一致。

在 *The Art of Action: How Leaders Close the Gaps between Plans, Actions and Results* 一书中，邦盖向我们展示了之前提到的普鲁士总参谋长冯·毛奇（Von Moltke）的一封信，他希望他的两支队伍追击并包围法国军队。他在信中描述了战争形势、他的意图、每位将军的角色，以及防止法国人进入比利时的特殊指示。信的最后总参谋长规定了一个最后期限。在最后期限之前，将军们需要就其准备对军队发出的指示的内容，向总参谋长汇报[①]。将军们的回应就是回传简报，让冯·毛奇可以协调自己的军队与下属军队的行动，并纠正任何可能的误解。

我们的一个客户是儿童用品零售商。我们建立了一个回传简报系统，让首席运营官可以与每个团队的负责人一起审查产品计划。在一次会议之前，我们看到产品经理非常兴奋地分享了修订后的电子商城计划。通过该商城，父母可以在更多的商品分类中进行选购。然而，在会议期间，随着产品经理展示新页面的截图和早期原型，首席运营

① Bungay, *The Art of Action: How Leaders Close the Gaps between Plans, Actions and Results*, 123-130.

官看起来越来越不高兴。最终他说道：“但是，这么做的好处在哪里呢？”事实证明，在专注于支持新的产品类型和令人兴奋的新的购买方式时，团队忘记了网站必须将产品作为有趣且有教育意义的东西来销售，而这正是营销团队所依赖的。修改计划是一件很痛苦的事情，但如果能在写出很多代码之前就及早发现问题，那就好多了。很明显，简报和回传简报的结合是创造项目当责的有力方法。

7.5.4 为简报和回传简报打分

如果对话中包含**提出要求**的内容，你就可以认为它是一个简报。将你的分数展示为一个分母为 3 的分数。一旦你发现了以下 3 个元素之一，就给分子加 1：预期**成果**、寻求该成果过程中的**限制条件**和执行过程中的**自主权**。如果你只提供了**部分而非全部**的限制条件或者自主权，你可以给自己部分分数，比如当你只描述了一半的限制条件时，就给自己 0.5 分。例如，当你分享了你的预期成果以及所有的限制条件，但是没有描述任何的自主权，你的得分就是 $\frac{2}{3}$。

同样，如果你是在**响应要求**，你就可以将对话标注为回传简报。与简报一样，将你的分数展示为一个分母为 3 的分数，当你发现了以下 3 个元素之一，就给分子加 1：你打算采取的行动、采取该行动的理由，以及对你的计划符合简报要求的确认信息。

7.6 对话：主动向外告知意图

假设你正在计划与你的家人驶向度假目的地。你如何决定谁需要什么信息，以及何时分享这些信息？在公路旅行中进行协作，与使用当责对话跟团队进行互动非常类似。

开始一段旅途很简单。但在开始之前，我们需要对规划所需的信息有一个共同的理解，即简报。其中包含预期成果（“我们要经过萨克拉门托接你妹妹，然后一起去湖边小屋”）、限制条件（“避开 5 号公路，交通太拥挤了”）以及自主权（“我们可以在你喜欢的旅馆住宿”）。一旦这些内容清晰了，我们就可以使用类似于回传简报的方式进行回应：预定路线、提议该路线的理由，并请求他人确认预定路线看起来是令人满意的。

但当旅行开始后又会发生什么呢？一辆车即使在笔直的道路上行驶，也需要很多不易察觉的方向修正才能保证车沿着直线行驶，而在遇到前方车辆急停或者孩子冲到路上等意外情况时，我们需要立即转向才能避免意外的发生[①]。乘客并不指望司机随时向他们报告他们在修正方向，同样也不指望司机能够在紧急情况下征求他们的意见。但如果司机突然踩下刹车，给其他乘客一个颠簸，乘客则会确实希望得到一个解释。无论是司机还是后座的孩童，只要他们发现有新的信息出现导致改变路线或者限制条件（“湖边在下雨，我们去山上吧”），乘客同样会期待一些沟通和交流。所有参与到该项目中的人都有责任在当责对话中贡献他们自己的一份力量。

不过，如果我们想和车外的人沟通，我们该怎么办呢？

7.6.1 成功的信号

技术专家伊丽莎白·阿尔（Elizabeth Ayer）建议，就像司机在转弯前和转弯期间显示连续的方向信号一样，你也应该一直“主动向外告知意图”[②]。我们认为这是一个很好的建议，它可以产生意想不到

① 这些陈述对自动驾驶汽车和人类驾驶汽车一样适用。无论驾驶员是人还是基于机器，都需要对车辆进行操控，并对车辆行驶方向进行实时的调整。

② Ayer, “Don’t Ask Forgiveness, Radiate Intent”.

的好处：当我们对自己的意图保持透明时，我们可以让其他人提供相关信息、调整他们的计划，甚至帮我们实现目标。持续性主动向外告知意图让我们可以在不经意间获得这些好处。这就好比开车时，你（错误地）认为没有人会看转向信号灯，它却可能对你产生最大的助益。

当你决定要向外告知何种信息时，请考虑如下关键因素。

- **分享当前状态**：“我们正尝试在不超过预算范围的情况下，为我们的移动端程序选择一款崩溃报告工具。迄今为止我们已经和两家公司洽谈过了，他们的产品都无法满足我们的需求。”
- **描述计划和预期成果**：“我们准备在下周会见 3 家供应商，同时也在探索内部解决方案。我们将会在本月底得到一个可行的解决方案。”
- **对障碍的预警**：“重新设定预算很可能意味着我们需要完全放弃该项目。本周四见分晓。”

有了适当的 Y 理论思维，并通过使用你在前几章中练习过的相互学习工具，你会意识到当责对话对保持项目正常运行是有益的。但是请注意，当责对话不是一劳永逸的事情。

7.6.2　信任与核实

“他信任我们，但是他从不核实。”我们一个客户的工程部负责人在描述 CEO 时如是说，“他给了我们团队愿景和关注重点，但没有定期的互动和交流，所以我们无法保持一致。我们在开发的是不完美、用作宣传的版本。而当他从总部飞来查看我们的工作成果时，他说我们需要推翻过去 3 个月的工作并重新来过。”

我们发现，当责对话中最难的事情之一，不是讨论本身，而是记住“我们要继续进行讨论”。就像我们客户的 CEO 一样，他可能认为一旦他们就项目的方向达成一致，就大功告成了，尤其是当他使用简报和回传简报来反复检查在预期成果、自主权和限制条件方面是否一致后。毕竟其他人不是讨厌别人对他们的工作指手画脚吗？Y 理论不是说我们应该相信别人的善意，让他们自己完成任务吗？

我们有正常的理由反对指手画脚，只要有可能我们都应该避免微观管理，毕竟我们也不希望坐在车后座的人告诉我们怎么开车。但是当责对话中的任何一方都不该置身事外，以免发生灾难性的不一致。简报发送方需要听到执行的进展情况，他们有义务检查一致性，并有责任协调他们自己的行动。除此之外，简报接收方需要反馈他们的进展以及外部形势的最新变化，尤其是当这种变化会影响到要完成的工作时。检查的频率随着项目的重要性和风险程度而变化，但是“设置，然后遗忘”并不是我们推荐的当责对话的哲学。

7.6.3 使用敏捷信息发射源

幸运的是，现代软件开发方法都带有事件和流程，非常适合触发最初的当责对话，并提供规律性的机会来告知意图和进展。

计划。Scrum、XP 以及其他类似的方法论给了我们一个天然的讨论责任的时间：冲刺计划会议。精益或看板团队有更频繁的、拉动触发的计划活动，但仍需要分解任务并就验收标准达成一致，这通常发生在每日站会期间或之后。在你的团队的计划活动中，确保你有时间来讨论当责对话的所有的 3 个要素：当前状态、预期成果，以及潜在的障碍。除了日常使用的路线图和估算活动，如果还能包含更多的上下文，这通常会激发团队其他成员的想法和帮助。比如在电子邮件或者公司聊天室中公布你的计划会议的结果，也会促进更广泛的讨论，并有更多机会向那些不直接参与你工作的人解释你的工作计划。

信息发射源①。一个常见的 DevOps 实践是在团队所在区域使用大屏展示系统度量指标，比如访问数、内存使用、响应时间等。敏捷或者精益团队通常有燃尽图和看板等工具，它们以信息化的方式显示，或者使用物理白板等工具进行维护。我们的一个客户拥有一个看板，上面显示所有潜在客户以及他们当前所处的商业洽谈阶段，这让技术团队了解可能到来的促销申请。在上述情况下，可视化的发射源可以完美地促进基于展示信息的当责对话。团队内的人可以邀请其他人来参观他们的发射源并进行讨论，而团队外的人也可以走过去并根据展示的内容开展对话。

回顾。冲刺结束或者项目结束时对近期进展的反思，正是对进行中的项目进展情况感到好奇的时间，特别是当找寻那些本可以被移除的障碍时更是如此。应该避免将回顾变成状态报告，这并非其目的。相反，我们要将 Y 理论牢记心间，从而确保团队集体推进对话发生，并反思当前状态、计划以及可以采取哪些措施来增加成功的机会。

演示。我们喜欢用来向外告知意图的方式，即演示可工作的软件。演示可以发生在冲刺结束时，也可以发生在交付给客户时。如果能在功能做完就进行演示，那就更好了。尽量避免"演示"用户看不见的功能变更，比如升级数据库。相反，请聚焦于用户可感知的工作，让非技术人员也可以轻而易举地观察到当前所处状态和未来状态（第6章中的"系统骨架"可以提供很大的帮助）。如果可能，

① Cockburn, *Agile Software Development: The Cooperative Game, 2nd ed*, 98.

将演示的过程录制为视频并广为传播，将信息传递给远程或者无法参加演示的人员。

成功的当责对话应该让每位参与者都能感到积极向上的情绪，即使有令人惊讶的结果或者有巨大障碍需要报告也应如此。在对话结束时，你将分享项目的现状、明确后续步骤并进行讨论，还要识别障碍。你所分享的内容，应让所有参与方有机会澄清和修订需要完成的工作的预期成果、自主权和限制条件。根据我们的经验，能成功做到这点的团队都可以构建正确的软件并对他们的目标感到满意，即使与他们的最初设想相距甚远。

7.7 妮科尔的当责故事（续）

7.7.1 反思与修订

好吧，让我们试着给对话打分，尽管当时我觉得对话进行得还不错。也许我应该反思并找到一些东西进行修订。我注意到我没有询问任何问题，所以此处得分直接是$\frac{0}{0}$。在我的左侧栏中，我对博比的理解产生了一些怀疑，但是我没有与博比分享这些内容，而是希望他理解我的意思。我注意到的一个本能反应是，默认情况下我想要的答案是一个充满自信的“明白了”，但实际上问更多问题可能更为明智。

再来给简报打分，我认为我没有将任何一个要素完整包含在内。说句实在话，也许我对新的设计与当前报表的不同之处的解释，只传达了一半的预期成果。但是我肯定没有提到自主权（比如，欢迎开发人员以任何方便的形式来对这些列进行排序）或者限制条件（报表必须是原生 Excel 格式，而不是使用制表符或者列分割的文本格式）。

所以这一项得分，我顶多是 $\frac{0.5}{3}$。

我想通过提出更多问题来使情况变得更好，而不是贸然下结论说一切都很好。我认为这将有助于让我的简报和回传简报更加有条理，因为这会促使我对自己的所见所闻更加好奇。最后，我将尝试更多地分享我的反馈，而不是试图一直表现出信心满满的样子。我希望这可以帮助我更有效地与博比和其他人一起工作，并避免不愉快的意外情况发生。

7.7.2　修订后的对话

上周我与博比一起检查了与他合作的研发团队的进度情况。我想根据先前对话中学到的内容，更好地处理这份回传简报。我提前请了一位值得信赖的朋友在这个讨论中进行角色扮演，这有助于我在进行对话时更加充满好奇心。

先阅读表 7-3 右侧栏，然后回到开头从右向左读。

表 7-3　修订后的妮科尔与博比的对话

妮科尔所想所感	妮科尔与博比的对话
我想知道他的优先级顺序是什么。	妮科尔：你有很多不同的项目都在进行中。本周你打算把重点放在哪里？
他的进展超出了我的估计。不对，等等！我的本能反应正在开火！我应该进一步检查这一点。	博比：我想我们已经准备好完成配置简化的工作。我觉得我可以在本周五完成它。
我们还没有讨论他该如何展示他的调研结果。	妮科尔：太好了！那么你打算如何展示这个结果呢？
什么？听起来他在我还没有见过方案的情况下就已经开始实施了。	博比：上周我检查了所有的配置项，而团队移除了其中的绝大部分。我预计可以展示只有五六个选项的新页面。

续表

妮科尔所想所感	妮科尔与博比的对话
也许他发布了他的分析结果，但是被我忽视了？	妮科尔：等一下，我有点儿疑惑。我期待你检查并解释每个选项的必要性，但是我不记得看过你的评审文档。你是否已经完成分析并已开始实施？
哦，天哪！我以为我当时已经说清楚了。	博比：什么？我以为你要我去尽可能地清理那些选项。就在我们说应该简化配置时的那个周一，我们做出这个决定的。
我不想做出武断的决定。	妮科尔：不，不是那样子的。我想要的是了解你对每个选项的看法。我想知道的是，哪些选项是客户真正需要和使用的？
这听起来更像我想要听到的东西。	博比：哦，好的，这改变了我本周的计划。我们可以暂停对页面的改动，并且我可以聚焦于访谈更多的客户。这样一来，本周就无法完成新的页面工作了。
我很高兴我们进行了这次对话，这让我们躲过了一劫。如果我们没有检查，我们可能会过早地发布新页面。	妮科尔：这不是问题。本周的工作，将会有利于我们更有信心地选择到底是保留、删除还是改变这些选项。

这场对话真的对博比和我都多有裨益。分享行动计划揭示了双方在一致性方面的差异：我们在对话中都认为我们对“简化配置”的含义有共同的理解，但实际上我们相距甚远。

如果是以前，我就会假定我们在这方面达成了一致，并接受博比关于工作将在本周五完成的说法。但是现在，当我听说他正在计划一些完全不同的事情时，我向博比询问了他准备交付的内容，并向其分享了我的感受。

结果，我们理解方面的不一致被暴露出来，我们可以在它造成过大损害之前修复它。虽然我仍然对博比的倾听能力抱有怀疑，但是现在我发现我也要为之前的问题承担一部分责任。我认为通过使用当责对话，我将来可以更好地与他合作。

7.8 当责对话案例

7.8.1 格雷丝与莉萨：找到更好的解决方案

格雷丝（Grace）说："通过与客户的交谈，我们知道最终用户的活跃度对他们至关重要。我们想出了一个很好的解决方案，即在每周开始时通过电子邮件向非活跃用户发送提醒。在每周提醒功能推出前，我们安排了与一些关键客户的简短通话，让他们知道即将发生的事情。绝大多数客户对该项提议都很满意，但是一个名为莉萨（Lisa）的客户，有着截然不同的反应。"

先阅读表 7-4 右侧栏，然后回到开头从右向左读。

表 7-4 格雷丝与莉萨的对话

格雷丝所想所感	格雷丝与莉萨的对话
就我所知莉萨受用户活跃度困扰已久。我估计她会对我们的提议感到高兴。因此我将解释我们在做什么以及为什么那样做。	格雷丝：嗨，莉萨。感谢你抽出宝贵时间了解我们计划实施的功能变更。我们将在周一开始向所有上周末登录的用户发送电子邮件。有些客户总是担心终端用户并不总是像他们想象中那般活跃。我们这样做正是为了响应这些客户的诉求。
什么？你一遍又一遍地向我抱怨用户活跃度问题。我以为你会对此感到非常开心呢！	莉萨：额，求求你千万别那么做。

续表

格雷丝所想所感	格雷丝与莉萨的对话
奇怪，其他客户都没有反对这些提醒邮件。我很肯定活跃度是你所关注的，让我再来核对一下。	格雷丝：欸，奇怪。我与其他客户都聊过，你是第一个做出这种反应的人。看看最新的使用率报告，我可以看到你的用户中有40%都是非活跃用户。你是否将其视为一个问题？
哇，听起来真的很糟糕。难怪她不希望我们直接给用户发邮件。但我很高兴她知道哪些方法对她是有用的。	莉萨：活跃度的确是我们想要提升的。只是我们已经向用户发送太多邮件，这种做法是不可持续的。而我最不想看到的就是用户抱怨收到太多的电子邮件。你是否可以每周给我发送一份非活跃用户的报告？这将使我们可以在内部进行一些追踪。
这可能是一个不错的尝试。如果行得通，我们也可以向其他客户提供这项功能。	格雷丝：当然。我会告知我们的团队你想收到关于非活跃用户的信息，而不是直接向该类用户发送邮件。在我们下一个季度的评审中，我们可以讨论这些报表是如何运作的，以及我们是否可以在系统中做一些其他事情来为你提供帮助。
我也一样！	莉萨：那真是太好了！我很高兴你事先联系我，而不是直接向我的用户发送大量的邮件。

事实上，当缺乏关键知识时，我们很容易认为自己不仅了解某个问题，还知道该问题的解决方案。针对莉萨关心的某个问题，格雷丝有一个被其他人接受的方案。但是她不知道的是，在莉萨的组织中，发邮件是一种不可接受的方法。当责意味着，即使我们认为自己是正确的，也会向其他受到影响的人表明我们的意图。这些向其他人表明我们自己的意图的机会，在我们日常工作的团队中会以最自然的方式出现。跨部门甚至跨公司寻找此类机会也是值得的。

7.8.2 安迪和韦恩：理解当下的适应性

安迪（Andy）说："在我担任工程师负责人的金融服务公司中，当我们进行针对事件的事后调查时，我们不仅试图了解发生了什么，还试图了解当事人在当时情况下的想法。我们的目标是让大家认识到'所有采取的行动都是正确的'。因为无论我们能在事后学到什么，我们都相信当时采取的行动就是最佳选择。而无论我们做了多少事情让系统足够健壮，任何突发事件都要在大家现场的判断和行动帮助下才能得以解决。比如，我们最近丢失了一个生产系统的数据，当时我便要求系统管理员之一的韦恩（Wayne），就他在恢复服务方面的行为做出解释。"

7.8.3 安迪与韦恩的对话

先阅读表 7-5 右侧栏，然后回到开头从右向左读。

表 7-5 安迪与韦恩的对话

安迪所思所感	安迪与韦恩的对话
我们有标准化恢复数据的流程，为什么他们不使用该流程？	安迪：那张数据表被删除了，服务也下线了。为什么你没有使用标准化的恢复流程呢？
说得好！我敢肯定，我们从未想到过会出现这种局部服务失效的情况。	韦恩：嗯，那个流程假设整个数据库已经丢失或者损坏。在我们的情况中，只是一张数据表丢失，而且大部分服务仍在正常运行。如果我们执行标准化灾难恢复过程，确实可以起到作用，但是那也意味着所有的服务将会下线一天甚至更久。

续表

安迪所思所感	安迪与韦恩的对话
当意识到任何我们实践过的流程都不适用时，一定是非常紧张的。	安迪：我明白了，所以当时你处于未知的领域。
我同意，那只会让问题更加糟糕。	韦恩：太对了！当然，我们可以只是按照手册要求进行操作，但那会使得情况更加糟糕。即使它是一个有据可查的流程，似乎也不是正确的做法。
	安迪：那么你是如何发现处理方法的呢？
我不确定我是否会采取他们的方法，但他们处理事务的优先级是正确的。	韦恩：我们的首要目标是确保其他所有服务正常运行，第二目标是恢复数据表并恢复依赖这张表的服务。我们想出了多个恢复数据的选项，但我们不知道哪种是最快的，因此我们同步执行了其中的几种方法，每种方法都有不同的人负责处理。
我很高兴韦恩在这里进行了创造性思维的做法。按照手册执行将意味着几个小时的停机时间，那将是更加让人头疼的事情。	安迪：如此敏锐的思维！我们应该考虑将“尝试多种解决方案”添加到运行手册中。

事情的发展难免处于计划之外，那么当这种情况发生时，人们该如何应对呢？安迪的组织传递出的信号是，希望你能在那一刻用自己的专业判断能力做出决策。与此同时，你还会被要求在事后说明你的理由。我们的目标是不因意外情况而惩罚相关人员，而是让大家尽可能地在经验中学习。它让人们可以随机应变，并创造出比照本宣科的思维定式更好的成果。

7.9 案例学习：起死回生的交易

“我拿到了！”迈克（Mike）欢呼道，手里拿着一个活页夹冲进办公室大门，“我拿到了！我们又有机会了！”

马库斯（Marcus）是一家位于伦敦的创业公司 Arachnys 的产品主管，此刻他充满疑惑地抬起了头。几周前，迈克去拜访了一位重要的银行客户，想弄明白他们为什么在几周前拒绝了自己公司的反洗钱产品。马库斯原本以为迈克会带着一份竞争对手获胜的原因的列表回来，从而为公司产品开发提供素材，以帮助公司赢得下一次的竞标活动。迈克究竟拿到了什么，让他如此兴奋？

迈克兴奋地摊开活页夹的内容。“这是银行给中标商家的需求说明。貌似当他们达成交易后，一家公司在看了一眼这些东西后表示，他们无法承诺在 9 个月内完成该系统的第一个版本，并在该版本满足所有提出的要求。银行觉得进度太慢了。所以当我询问是否可以让我看一下需求的时候，他们说‘当然可以’然后递给我这个东西。”

马库斯和他的同事——身为项目经理的安妮格雷特（Annegret），快速浏览了前几页的内容。

“哎呀，他们还可以要求得再多一些吗？”安妮格雷特略带嘲讽地问道，“4 种类型身份验证、与 17 个系统进行集成，以及足足，我数一下，63 页的测试数据和协议。而需求列表中有超过 1000 条的内容。”

“迈克，你认为我们该如何处理这个‘庞然大物’呢？”马库斯问道。

“当然，我的官方说法是我会将我们的估算结果给他们。”迈克说，“但是，那个可以做决定的大人物本尼（Benny），当他送我到门口的时候，我私下告诉他我们很快就有一个原型给到他们。”

马库斯和安妮格雷特对视一眼，然后一脸震惊地同时问道：“多快？”

迈克笑了笑，“呃，6 周？”他有点不好意思地说。

7.9.1 化不可能为可能

马库斯和安妮格雷特一眼就能看出，这本活页夹中包含他们的小型开发团队至少一年的工作量，6 周显然是“天方夜谭”。但是在 Arachnys，对简报和任务质疑完全是**基本操作**，因此他们没有放弃，而是开始梳理这些页面中的规格说明。

他们发现很多“需求”是自相矛盾的，这是各个部门在不考虑其他部门的情况下，直接将自己的愿望清单添加到文档中所导致的。还有一些与系统要解决的监管要求无关，有一些是完全无法实现的。消除这些无意义的项目让需求大幅减少，但仍有数百个需求条目有待解决。

他们再次完整查看了一遍清单，但是这次的目的不是剔除功能，而是只挑出那些绝对必要的、能够证明该银行可以满足监管标准的需求。如同第 6 章提到的“系统骨架”，这些关键功能将形成该系统的主干，使他们能够证明这种解决方案是切实可行的，同时还提供了一个可以持续添加更多功能的框架。他们圈出每一个符合他们上述严格要求的需求条目，然后把他们数了一遍。

“6 个！”安妮格雷特说道。

马库斯说：“我简直不敢相信。这就是全部的事情了？”

安妮格雷特回复道：“我们已经完整查看了每一页文档，没有别的东西了。”

“但是他们会接受吗？”

“只有一种方法可以找到答案。”

7.9.2 关键时刻

几天后，安妮格雷特给银行发出了那封用心编写的邮件。两位产品经理周围堆满了中餐的外卖盒，这些外卖盒见证了他们这些天都在辛苦地熬夜工作。他们分析了每一项需求，并准确揭示了为什么他们将需求列表压缩到只有区区 6 项内容。这封邮件就是他们的回传简报，通过分享他们的理由来回应银行的要求，并描述了他们将如何通过多次交付的方式来交付他们定义出的更小的范围。

迈克一收到邮件，就在一场行业会议中打电话过来："干得漂亮！我肯定他们会希望我们构建你所提议的东西。"

马库斯语露疲惫："我不太确定。我们近乎将他们所有的要求都砍掉了。而另一家公司却承诺了他们所有的要求。银行为什么不坚持选另一家呢？"

与此同时，安妮格雷特的屏幕亮起来，提示有一条新的信息。信息来自本尼，也就是那个"大人物"。

邮件中说道："请继续你的工作，6 周后见。"

马库斯和安妮格雷特与开发人员紧密合作以交付原型，并按照承诺经常与客户沟通。这份计划制定得非常好，目的明确、责任清晰，本尼和他的团队表示非常高兴。他们签署了完整的产品开发协议，并将其推广到数百名内部用户。

事后，马库斯得到一个机会问本尼："为什么你当时选择了我们？"

本尼的回应很清晰，他说："因为你们说了'不'。你们认真思考了什么可以交付、什么不可以交付，并且与我们分享了你们的判断原因。然后，你们交付了承诺的东西。这都让我相信在项目的剩余部分可以信任你们。"

对 Arachnys 和他们的客户而言，当责对话都是他们的撒手锏，帮助他们取得了成功。

7.10 结论时间：应用当责对话

本章中，你学会了通过采用 Y 理论的方式来培养责任感，通过使用简报和回传简报来识别并使用计划行动的限制条件和自主权，通过全面而清晰地表达你的意图的方式来解释你的行为。对成功和失败当责，可以让你有效地从经验中学习，并促进那些可以推动对话转型的建设性推断的产生。你可以通过多种方式使用**当责对话**。

- 作为**企业高管**，你可以通过当责对话向组织中的人说明你的战略行动，帮助他们与产品和公司目标保持一致。
- 作为**团队负责人**，你可以通过简报的形式向团队介绍一些操作，比如测试新功能或者执行渗透测试等。同时你可以从团队成员提供的回传简报中获得对执行结果的信心。
- 作为**团队成员**，你会因为同事和主管认为你是积极上进且有才能的——比如因为信任让你尝试使用一个新的类库，或者尝试一次充满创造性的重新设计工作——而发现自身的内在承诺和内驱力。

总结：如何保持学习

恭喜你，如果已经读完了本书（而不是直接跳转到总结），并尝试进行部分或者全部的 5 种对话，那么你已经克服了对高难度对话的恐惧、进行了高难度的情绪工作，并且正逐步养成高级小团队的 5 个关键特质：高信任度、低恐惧感、清晰的动机、坚定的承诺以及可靠的责任感。你已经掌握了一系列技能和技术，包括基于确认的沟通、惯性思维破坏、联合设计、系统骨架以及定向机会主义，这些技能和技术都将有助于进行成功的对话。这真是了不起的成就。

但是这里有一个充满挑战性的消息要告诉你。尽管你已经取得了长足的进步，但未来依然有大量的练习在等着你。因为这 5 种对话会在你的生命中永远存在。当你使用基于确认的沟通建立了信任后，你依然需要与你的想法保持一致，因为环境在发展，而你的想法也会改变。当你使用联合设计来定义了清晰的动机后，市场或者公司也会变化，而你将重新建立一个新的动机。你和你的团队会希望始终与对方讨论责任，在你们对彼此的承诺的过程中，一遍又一遍地提供有意义的解释与说明。

道阻且长

正如我们在书中所讨论的，功能工厂让众多敏捷、精益和DevOps团队陷入困境，而对话转型是摆脱功能工厂的解决之道。现在你知道了这一点，我们相信你会在所在的团队和组织中推动许多对话转型，这意味着你将有机会在一生中不断改进你的对话技术。与演奏乐器或者练习某项运动等技能一样，持续练习让我们可以更加优雅、更具个人特色地进行对话。与此同时，如何确保未来的改进持续发生，对我们而言也是一种挑战。即使在研究这些方法十多年之后，我们两个人还在不断犯下并发现新的错误，这也使得我们能够学习新的技能并发明新的技术。早上我们可能进行了一次精彩的、促进关系的对话，但下午我们可能就会陷入一场让每个人都深感沮丧的激烈讨论中。我们已经体验到持续练习对话分析等方法的真正价值，而那些充满耐心、愿意与我们一起练习、一起进行角色扮演的朋友们对我们而言更是价值匪浅。失败的对话可能让人感到苦楚，但它们给了我们最好的机会来培养我们最重要的技能。

开启学习小组

在提高你对话能力的道路上，那些也想要提升相同技能的人的帮助是你最宝贵的资源。因此我们最后可以给你的建议就是，在你的组织或者社区中，找到那些可以定期与你一同学习的人，你们可以共同提升对本书中提到的技术的掌握度。这些人将与你一起遵循阿吉里斯的策略，利用对话来研究和改善当前组织绩效。

别人的错误比我们自己的错误更容易被发现，这是人性的一个

“怪癖”，也是认知偏差的结果。你的伙伴会在你的讨论中发现你所遗漏的备选方案，而你也会为他们做同样的事情。一个学习小组也会为刻意练习提供良好的空间，在这里你可以尝试应用这些技术，同时还可以从其他人那里得到即时反馈并了解他们的感受。

我们对开启学习小组的建议是：开始的时候要尽可能简单，并专注于建立定期练习的习惯。首先请每个人大声朗读对话分析，然后在组内讨论每个人的对话。提前对对话进行评分将会让你更充分地利用时间。但是，最好现场做一下对话分析，而不是因为做了准备工作而略过该步骤。功崇惟志，业广惟勤。我们成功地在 2 ~ 20 人不等的小组举行过练习，组员可以是同事、朋友，或者陌生人。我们可以讨论与老板、同事、邻居、配偶、父母、室友等人的对话。只要你用心，每次对话都会给予我们提升的机会。

随着你在小组中的表现变得更加自如，你可能希望有一些文章或者视频可供学习，或者进行其他刻意练习，以获得进一步提升。我们知道有一个小组正在通过这种方式，逐一学习敏捷宣言的原则；另一个小组的成员会每月碰面练习新的技术，比如非暴力沟通[①]和关系日记[②]。本书最后的“补充书目与资源”将给你提供可用于额外学习的想法和资源，包括在本书的配套网站和博客上与我们两人保持在线联系的方法等。

纸上得来终觉浅

在一次漫长的午餐会上，我们对本书中提到的对话技术进行了诸多探讨，我们的一位客户说：“我感觉上了一堂游泳课，但是我却通

---

① Rosenberg, *Nonviolent Communication: A Language of Life, 3rd ed*, 93.
② Burns, *Feeling Good Together: The Secret to Making Troubled Relationships Work*.

体干燥”。你可以学习所有想要的理论知识，但如果你不亲自下水并呛几口水，这些理论知识将对你没有任何好处。

我们邀请你躬身入局，并在日常生活中实践我们与你分享的对话技术，这将会为你带来丰厚的回报。

继续说，不要停

杰弗里、斯奎勒尔

附录

对话评分指导手册

一旦使用了双栏对话分析法记录你的对话，你可以使用下面的步骤来**反思**你的好奇心、透明度、对话模式，以及你对书中所描述的关键技能的使用情况。

1. **好奇心**：确定你的问题分数（question fraction）。

① 圈出来右侧栏所有的问题。

② 对所有真诚的问题进行记数。

③ 用分数表示：$\frac{\text{真诚的问题数}}{\text{问题的总数}}$。

④ 为了获得最大的好奇心，你希望看到更多的问题（较大分母），其中大多数都是真诚的问题（较大分子）。

2. **透明度**：找寻未表达的观点。

① 以下画线的方式，将在左侧栏出现却没有在右侧栏出现的内容标注出来。

② 如果你已经表达了大部分的想法和情绪（也就是说，你的左侧栏中只有少量的句子有下画线），那么你就是非常透明的。

3. **模式**：找寻诱因（trigger）、掩饰（tell）和本能反应（twitch）。

① 找到让你反应强烈的词，圈出来并标上**诱因**；**掩饰**标志着缺少透明度或好奇心；而**本能反应**则代表了默认反应。

② 你可能无法避免所有你识别出的自动响应行为，但是你可以学会当其发生时就察觉到其存在。如果你可以实时注意到你的模式，不论是你内心所想所感或是真实发生的对话，那都是非常棒的。

4. **技术**：测试你试图改善技术（从下面的技术列表选择，每次只练习一项）。

① **基于确认的沟通**（TDD for people）：用推断之梯的梯级，将双栏对话中你的陈述和问题打上其所对应的梯级标签。如果你在对接近梯子顶端的条目进行讨论之前，就对梯子的低梯级条目建立了共识，那么你就做得很好。

② **惯性思维破坏**（coherence busting）：数出所有左侧栏中未经证实的结论。该项目标是获得一个低的得分，理想情况下该项得分为零。

③ **联合设计**（joint design）：当观察到联合设计五大要素中任意一个时，就可以得到 1 分：包容性、提出真诚的问题、征求反对意见、设定时间盒以及使用决策规则。目标是得到所有的 5 分。

④ **含义共识**（agreeing on meaning）：将双侧栏中重点词汇圈出来，然后统计已经确定的、相同认知含义的重点词汇。构建一个分数 $\dfrac{\text{具有确定的、相同认知含义的重点词汇}}{\text{所有的重点词汇}}$。理想情况下，这个分数应该等于 1，也就是分子、分母相同。

⑤ **简报和回传简报**（briefing and back briefing）：针对简报，找寻简报中的预期成果、限制条件和自主权，每找到一项加 1 分，若某

项没有全部说明，则酌情给自己评分；针对回传简报，找寻其中的行动、理由和其他人对回传简报的确认信息，每找到一项加 1 分，若某项没有全部说明，则酌情给自己评分。这两项评分最终都以一个分母为 3 的分数体现，你的目标应该是$\frac{3}{3}$。

补充书目与资源

有很多关于沟通的文献。下面我们分享一些我们最喜欢的资料。

文章

以下文章描述了分析对话所用的工具，本书只包含其中的一些。

- "Eight Behaviours for Smarter Teams"，作者罗杰·施瓦兹（Roger Schwarz）。
- "Putting the 'Relational' Back in Human Relationships"，作者戴安娜·麦克莱恩·史密斯（Diana McLain Smith）。
- "To the Rescue"，该文章发表于《斯坦福社会创新评论》（*Stanford Social Innovation Review*），作者罗杰·马丁（Roger Martin）。
- "Skilled Incompetence"，该文章发表于《哈佛商业评论》（*Harvard Business Review*），作者克里斯·阿吉里斯（Chris Argyris）。

图书

- 《高难度谈话》（*Difficult Conversations: How to Discuss What Matters Most*），作者布鲁斯·佩顿（Bruce Patton），道格拉斯·斯通（Douglas Stone）以及希拉·汉（Sheila Heen）。该书对本书

中描述的技术进行了简单的介绍。

- 《专业引导技巧实践指导》(*The Skilled Facilitator: A Comprehensive Resource for Consultants, Facilitators, Coaches, and Trainers*)，作者罗杰·施瓦兹(Roger Schwarz); *Discussing the Undiscussable: A Guide to Overcoming Defensive Routines in the Workplace* 作者威廉·努南(William Noonan)。这两本书是对话分析的进阶指南，涵盖了很多应用并包含真实的案例。
- *The Elephant in the Room*，作者戴安娜·麦克莱恩·史密斯(Diana McLain Smith);《责任病毒》(*The Responsibility Virus*)，作者罗杰·马丁(Roger Martin)。这两本书涵盖了对话技术在复杂商业关系中的具体应用，例如那些长期互动不良或对角色与职责的混淆等。
- *Action Science: Concepts, Methods, and Skills for Research and Intervention*，作者克里斯·阿吉里斯(Chris Argyris)，罗伯特·普特南(Robert Putnam)以及戴安娜·麦克莱恩·史密斯(Diana McLain Smith)。这是一本关于行动科学方法的开创性著作，为本书以及本书提到的其他部分文章、图书提供了基础。它比这里引用的其他作品更具学术性和理论性，而且还有一个优点就是它可以在网上免费获得。
- *I'm Right, You're Wrong, Now What?: Break the Impasse and Get What You Need*，作者泽维尔·阿马多尔医生(Dr. Xavier Amador)。这本书描述了作者在向那些拒绝接受公众的人提供治疗时开发的模型 LEAP(listen-empathize-agree-partner，倾听-共情-认同-搭档)。这种方法是对话式的，我们相信这种模型与我们在本书中描述的方法相似，并且可以应用在本书描述的方法中。
- 《非暴力沟通》(*Nonviolent Communication: A Language of*

Life)，作者马歇尔·卢森堡博士（Marshall B. Rosenberg, PhD）。这本书不是一本单纯讲述沟通方法的书，而是一本上升到生活哲学的书。然而，即使是对这一哲学持怀疑态度的人，也可以在这本书中找到一些非常有用的练习，从而反思他们的沟通模式以及思维模式。

视频与音频

我们每周都会在 *Troubleshooting Agile* 播客讨论敏捷、精益和 DevOps 相关的、当前流行的话题，为改善软件团队交付和沟通提供想法和解决方案。

Dr. David Burns 的 *Feeling Good* 播客每周都会定期提供现实生活中的优秀案例，说明改变对话方式将如何改变关系。与本书内容特别相关的是“沟通的 5 个秘密”（The Five Secrets of Communication）以及“人际关系模型”（Interpersonal Model）中的内容。

本书的配套网站 ConversationalTransformation.com ，提供相关后续材料、视频，以及可以加入的邮件列表等内容。

面对面

伦敦组织学习聚会，每月都会在伦敦举行。该聚会由杰弗里·弗雷德里克发起。该聚会提供了一个绝佳的机会，让你可以与那些对文化改变感兴趣的人的一同练习，并达到改善对话的目的。

参考资料

- AdŽić, Gojko. *Specification by Example: How Successful Teams*

Deliver the Right Software. Shelter Island, New York: Manning, 2011.

- Allspaw, John, and Paul Hammond. "10+ Deploys per Day: Dev and Ops Cooperation at Flickr". SlideShare.net. Posted by John Allspaw, June 23, 2009.
- Anderson, David J. *Kanban: Successful Evolutionary Change for Your Technology Business*. Sequim, WA: Blue Hole Press, 2010.
- Appleton, Brad. "The First Thing to Build is TRUST". Brad Appleton's ACME Blog. February 3, 2005.
- Argyris, Chris. *Organizational Traps: Leadership, Culture, Organizational Design*. Oxford: Oxford University Press, 2010.
- Argyris, Chris. "Skilled Incompetence". *Harvard Business Review* (September, 1986).
- Argyris, Chris, Robert Putnam, and Diana McLain Smith. *Action Science: Concepts, Methods, and Skills for Research and Intervention.* San Francisco, CA: Jossey-Bass, 1985.
- Argyris, Chris, and Donald Schön. *Theory in Practice: Increasing Professional Effectiveness*. San Francisco, CA: Jossey-Bass, 1974.
- Ayer, Elizabeth. "Don't Ask Forgiveness, Radiate Intent". Medium.com. June 27, 2019.
- Beck, Kent. *Extreme Programming Explained: Embrace Change.* Reading, MA: Addison-Wesley, 2000.
- Beck, Kent. *Test-Driven Development: By Example*. Boston, MA: Addison-Wesley, 2003.
- Beck, Kent, et al. "Manifesto for Agile Software Development". AgileManifesto .org. 2001.

- Beck, Kent, et al. "Principles Behind the Agile Manifesto". AgileManifesto.org. 2001.
- Brown, Brené. *Rising Strong: How the Ability to Reset Transforms the Way We Live, Love, Parent, and Lead.* New York: Spiegel & Grau, 2015.
- Bungay, Stephen. *The Art of Action: How Leaders Close the Gaps between Plans, Actions and Results.* New York: Hachette, 2011.
- Burns, David. *Feeling Good Together: The Secret to Making Troubled Relationships Work.* New York: Random House, 2010.
- Center for Nonviolent Communication. "Feelings Inventory". Accessed September 23, 2019.
- Cockburn, Alistair. *Agile Software Development: The Cooperative Game, 2nd ed.* Boston, MA: Addison-Wesley, 2007.
- Cockburn, Alistair. "Characterizing People as Non-Linear, First-Order Components in Software Development". *Humans and Technology. HaT Technical Report* 1999.03, October 21, 1999.
- Cockburn, Alastair. "Heart of Agile". HeartofAgile.com. 2016.
- Coleman, Mark. "A Re-Imagining of the Term; 'Full-Stack Developer'". Amsterdam DevOpsDays 2015 proposal. Accessed Feruary 3, 2020.
- Cutler, John. "12 Signs You're Working in a Feature Factory". *Hacker Noon* (blog). Medium.com. November 16, 2016.
- Debois, Patrick. "Agile Operations—Xpdays France 2009". SlideShare. net. November 27, 2009.

- Dennett, Daniel. *From Bacteria to Bach and Back: The Evolution of Minds*. New York: W. W. Norton, 2017.
- Derby, Esther, and Diana Larsen. *Agile Retrospectives: Making Good Teams Great*. Raleigh, NC: Pragmatic Bookshelf, 2006.
- Duff, John D., and Louis E. Dietrich. Dehydrated flour mix and process of making the same. US Patent 2,016,320, filed June 13, 1933, and issued October 8, 1935.
- Edmondson, Amy. *Teaming: How Organizations Learn, Innovate, and Compete in the Knowledge Economy*. Hoboken, NJ: Jossey-Bass, 2012.
- *Financial Times*. "FT Tops One Million Paying Readers". *Financial Times*. April 1, 2019.
- Fisher, Roger, William Ury, and Bruce Patton. *Getting to Yes: Negotiating Agreement without Giving In*. New York: Houghton Mifflin, 1991.
- Fitz, Timothy. "Continuous Deployment at IMVU: Doing the Impossible Fifty Times a Day". *Timothy Fitz* (blog). February 10, 2009.
- Forsgren, Nicole, Jez Humble, and Gene Kim. *Accelerate: The Science of Lean Software and DevOps: Building and Scaling High Performing Technology Organizations*. Portland, OR: IT Revolution, 2018.
- Fowler, Martin. "Writing the Agile Manifesto". MartinFowler.com (blog). July 9, 2006.
- Goldratt, Eliyahu M. and Jeff Cox. *The Goal*. Aldershot, England: Gower Publishing, 1984.

- Griffin, Dale, and Lee Ross. “Subjective Construal, Social Inference, and Human Misunderstanding”. *Advances in Experimental Social Psychology 24* (1991): 319-359.
- Harari, Yuval Noah. *Homo Deus: A Brief History of Tomorrow*. London: Harvill Secker, 2015.
- Harari, Yuval Noah. *Sapiens: A Brief History of Humankind*. New York: Harper, 2014.
- Highsmith, Jim. “History: The Agile Manifesto”. AgileManifesto. org. 2001.
- Hihn, Jairus, et al. “ASCoT: The Official Release; A Web-Based Flight Software Estimation Tool”. Presentation. 2017 NASA Cost Symposium, NASA Headquarters, Washington, DC.
- Humble, Jez, Joanne Molesky, and Barry O’Reilly. *Lean Enterprise: How High Performance Organizations Innovate at Scale*. Boston, MA: O’Reilly, 2015.
- Humphrey, Watts S. *Characterizing the Software Process: A Maturity Framework*. Pittsburgh, PA: Software Engineering Institute, Carnegie Mellon University, 1987.
- Kahneman, Daniel. *Thinking, Fast and Slow*. New York: Farrar, Straus and Giroux, 2011.
- King, Martin Luther, Jr. “I Have a Dream”. Speech. Washington, DC, August 28, 1963. American Rhetoric, mp3 recording. Last updated February 14, 2019.
- Kurtz, Cynthia F. and David J. Snowden. “The New Dynamics of Strategy: Sense-Making in a Complex and Complicated World”. *IBM Systems Journal* 42, no. 3 (2003): 462-483.

- Latané, Bibb, and John M. Darley. *The Unresponsive Bystander: Why Doesn't He Help*? Upper Saddle River, NJ: Prentice-Hall, 1970.
- Lencioni, Patrick. *The Five Dysfunctions of a Team: A Leadership Fable*. New York: Wiley & Sons, 2010.
- Martirosyan, Arthur. "Getting to 'Yes' in Iraq". Mercy Corps blog. July 1, 2009.
- McGregor, Douglas. *The Human Side of Enterprise, Annotated Edition*. New York: McGraw-Hill, 2006.
- Mezak, Steve. "The Origins of DevOps: What's in a Name?". DevOps.com. January 25, 2018.
- Murphy, Gregory. *The Big Book of Concepts*. Boston: MIT Press, 2004.
- NASA. *Report to the President by the Presidential Commission on the Space Shuttle Challenger Accident*. Washington, DC: NASA, 1986.
- Nelson, Daniel, ed. *A Mental Revolution: Scientific Management Since Taylor*.Columbus, OH: Ohio State University Press, 1992.
- Park, Michael Y. "A History of the Cake Mix, the Invention that Redefined Baking". *Bon Appétit* blog. September 26, 2013.
- Pflaeging, Niels. "Why We Cannot Learn a Damn Thing from Toyota, or Semco". LinkedIn, September 13, 2015.
- Poole, Reginald. *The Exchequer in the Twelfth Century*. Oxford: University of Oxford, 1911.
- Poppendieck, Mary, and Tom Poppendieck. *Lean Software Development: An Agile Toolkit*. Boston: Addison Wesley, 2003.
- Reinertsen, Donald. "An Introduction to Second Generation Lean

Product Development". Presentation. Lean Kanban France 2015.

- Ries, Eric. *The Lean Startup: How Today' s Entrepreneurs Use Continuous Innovation to Create Radically Successful Businesses*. London: Penguin, 2011.
- Rogers, Bruce. "Innovation Leaders: Inc.Digital's Michael Gale On Digital Transformation". *Forbes*. January 16, 2018.
- Rogers, Bruce. "Why 84% of Companies Fail at Digital Transformation". *Forbes*. January 7, 2016.
- Roos, Daniel, James Womack, and Daniel Jones. *The Machine That Changed the World: The Story of Lean Production*. New York: Harper Perennial, 1991.
- Rosenberg, Marshall. *Nonviolent Communication: A Language of Life, 3rd ed*. Encinitas, CA: Puddledancer Press, 2015.
- Schwarz, Roger. "Eight Behaviors for Smarter Teams". Roger Schwarz & Associates website. 2013.
- Schwarz, Roger. *Smart Leaders, Smarter Teams: How You and Your Team Get Unstuck to Get Results*. San Francisco, CA: Jossey-Bass, 2013.
- Senge, Peter. *The Fifth Discipline: The Art and Practice of the Learning Organization*. New York: Currency Doubleday, 1990.
- Sheridan, Richard. *Joy, Inc.: How We Built a Workplace People Love*. New York: Penguin Group, 2013.
- Shipler, David. "Reagan and Gorbachev Sign Missile Treaty and Vow to Work for Greater Reductions". NYTimes. December 9, 1987.
- Shipman, Anna. "After the Launch: The Difficult Teenage Years".

Presentation. Continuous Lifecycle 2019.

- Shipman, Anna. "How Do You Delegate to a Group of People?". *Anna Shipman* (blog). June 21, 2019.
- Silvers, Emma. "A New Guest at Your House Show: The Middleman". KQED website. April 28, 2017.
- Sinek, Simon. "How Great Leaders Inspire Action". Filmed September 2009 in Newcastle, WY. TED video, 17:49.
- Sinek, Simon. *Start with Why: How Great Leaders Inspire Everyone to Take Action*. London: Penguin, 2011.
- The Standish Group. *The CHAOS Report: 1994*. Boston, MA: The Standish Group, 1995.
- Travaglia, Simon. "Data Centre: BOFH". *The Register*. 2000-19.
- Travaglia, Simon "The Revised, King James Prehistory of BOFH. Revision: 6f". *The Bastard Operator from Hell* (blog). Accessed October 23, 2019.
- Vaughan, Diane. *The Challenger Launch Decision: Risky Technology, Culture, and Deviance at NASA*. Chicago, IL: University of Chicago Press, 1996.
- Weinberg, Gerard M. *The Secrets of Consulting: A Guide to Giving and Getting Advice Successfully*. Gerard M. Weinberg, 2011.
- West, Dave. "Water-Scrum-Fall Is the Reality of Agile for Most Organizations Today". *Forrester*. July 26, 2011.